Un mensonge d'amitié

Traduit de l'anglais par
Vanessa Rubio

Série LOVE STORIES
Titre original : *Sharing Sam*

Published by arrangement
with Bantam Doubleday Dell Books For Young Readers,
a division of Bantam Doubleday Dell Publishing Group,
Inc., New York, USA

Dépôt légal : novembre 1998

ISBN : 2 7404 0794-7

Katherine Applegate

Un mensonge d'amitié

MANGO POCHE

« C'était le seul garçon de première S à porter un blouson de cuir noir… »

1

J'avais entendu dire que Sam avait volé des Pump-Air dans un magasin de sports d'Okeechobee. On chuchotait aussi qu'il se droguait. Une copine bien informée de terminale L m'avait même confié qu'il était le fils caché de Mick Jagger ! Pour sortir du train-train quotidien du lycée, nous échafaudions des scénarios abracadabrants à propos de la vie secrète de ce nouvel élève. C'était le seul garçon de première S à porter un blouson de cuir noir, ce qui attisait la curiosité de toutes les filles.

Sam venait au lycée en moto, sans casque. Sur le parking, sa grosse Harley détonnait au milieu des voitures[1] ou des mobylettes déglinguées des élèves et des monospaces des parents.

Pendant les cours, par la fenêtre, je la contemplais, fascinée, imaginant les aventures palpitantes

[1] Aux États-Unis, on peut passer le permis de conduire à partir de seize ans.

de son propriétaire : liberté, voyages, vitesse… et accidents tragiques !

Ce qui devait arriver arriva.

En fait, je n'ai pas été surprise quand, un lundi après le lycée, j'ai assisté à la fin inévitable de Sam Cody…

J'étais assise au pied d'un arbre, dans un verger près de la maison. Snickers, ma jument, broutait non loin de moi. C'était une belle journée ensoleillée, et j'avais ouvert mon classeur d'histoire sur mes genoux, bien décidée à réviser au grand air.

Je venais là de temps en temps pour travailler… et pour rêver en paix.

Je m'inventais des films avec Bruce Potts en superstar ; c'était l'homme idéal : yeux bleus, sourire éclatant et, en plus, meilleur élève de terminale S et capitaine de l'équipe de foot du lycée ! Pendant des mois, chaque soir, je m'étais entraînée à embrasser mon oreiller en pensant à lui. (J'exagère un peu, d'accord !)

Cependant, depuis la rentrée, je m'imaginais parfois dans les bras de Sam. Pourtant ce n'était pas du tout, mais alors pas du tout mon genre !

Mais il faut avouer qu'il avait un regard irrésistible…

Un bruit de pétarade m'a tirée de mes pensées. Je me suis levée d'un bond en interpellant l'intrus, car le verger était une propriété privée. (En fait, même moi, je n'aurais pas dû y entrer!) Je me suis lancée à la poursuite de la moto sur le sentier poussiéreux. Le motard avait les cheveux longs et un blouson de cuir noir… Sam!

C'était sympa de papoter entre filles et d'inventer des histoires sur la vie mystérieuse de Sam. Mais se retrouver seule, nez à nez avec lui en pleine campagne, c'était terrifiant!

— Hé! ai-je vociféré. Tu n'as rien à faire ici. Dégage de là!

Et brusquement, comme si elle obéissait à mes ordres, la Harley a rué et s'est mise à zigzaguer dangereusement. Sam se cramponnait au guidon comme un cavalier de rodéo sur un cheval furieux. Après un dérapage incontrôlé, la moto a fini sa course couchée au pied d'un arbre. Elle a hoqueté dans un dernier sursaut, et le moteur s'est tu.

Puis le silence. Juste le pépiement des oiseaux, le bourdonnement des insectes et le souffle du vent dans les feuilles. Pétrifiée, je guettais un gémissement, un mouvement prouvant que Sam était vivant.

Rien.

Je me suis précipitée vers lui, essayant désespérément de me rappeler les premières pages de mon guide de secourisme. P-A-S : Protéger-Alerter-Secourir… d'accord, mais comment?

Sam était coincé sous la carcasse de sa moto. Un fin filet de sang coulait le long de sa tempe.

C'est à cet instant qu'il a ouvert les yeux :

— Je suis arrivé en enfer, c'est ça?

Ouf! Il a l'air secoué, mais il est vivant! me suis-je réjouie. Puis j'ai annoncé d'un ton assuré :

— Je suis secouriste. Ne bouge surtout pas!

Je me suis penchée pour observer ses yeux. Si ses pupilles étaient dilatées, c'était mauvais signe, mais je ne me rappelais plus pourquoi. Son regard brun profond, presque noir, bordé de longs cils m'a troublée. En fait, je ne savais pas vraiment que penser de ses pupilles, il avait de si beaux yeux!

Il a porté en jurant la main à sa tempe.

— Ce maudit pneu a explosé! Dire que je l'ai changé il y a deux semaines. C'est pas vrai!

— Mais, pourquoi tu ne portes pas de casque? Tu es inconscient... Tu joues vraiment avec ta vie!

Sam m'a dévisagée en écarquillant les yeux.

— Je suis en train de me vider de mon sang et tu me fais la morale?

— Ne t'agite pas, je réfléchis. Mon stage de secourisme remonte à... hum, la cinquième!

Sam a essayé de dégager sa jambe en gémissant de douleur.

— Arrête! ai-je hurlé. Il ne faut jamais déplacer un blessé!

— Oui, mais le blessé a envie de se sortir de

là ! a-t-il rétorqué en se débattant avec un morceau de carcasse abîmée.

Son entaille à la tête ne semblait pas profonde mais, comme il ne cessait de bouger, le sang continuait de couler. Il fallait arrêter l'hémorragie. Oui, mais je n'avais pas de quoi faire un pansement... *Aux grands maux, les grands remèdes*, ai-je pensé en enlevant mon tee-shirt. (Heureusement, j'avais un maillot de bain en dessous !)

— Oh ! Peut-être que j'ai atterri au paradis après tout, s'est exclamé Sam.

J'ai essayé de déchirer le tissu avec mes dents. C'est ce qu'ils font toujours dans les films. Mais bon, les films ça n'a rien à voir avec la vraie vie !

— Au fait, je m'appelle Sam Cody.

— Je sais, ai-je répliqué, regrettant aussitôt mes paroles.

Théoriquement, je n'étais pas censée connaître son nom.

— Et toi, tu es Alison Chapman.

J'ai froncé les sourcils. Théoriquement, il n'était pas censé connaître mon nom non plus ! J'ai déchiré une longue bande de tee-shirt et, sans lui laisser le temps de réagir, je suis passée derrière lui afin de lui bander la tête.

— Ouille ! C'est bien ma veine, je suis tombé sur une infirmière sadique, a-t-il râlé comme je serrais le tissu pour le lui nouer sur le front.

Je me suis relevée en époussetant mon jean, et j'ai admiré mon chef-d'œuvre.

— Tu risques de tomber en état de choc à tout moment, ai-je assuré. Alors je crois qu'il faut que je te couvre pour que tu ne te refroidisses pas.

— Tu pourrais utiliser ton jean comme couverture, a-t-il suggéré ironiquement.

— Non, je vais chercher ma jument. Je te donnerai son tapis de selle et j'irai chercher de l'aide au galop ! Mais tu dois me promettre de ne pas bouger, d'acc…

— Bon, assez rigolé, m'a-t-il interrompue.

Et avant que j'aie pu l'en empêcher, Sam s'est dégagé de sa moto et s'est relevé tant bien que mal.

— Il ne faut pas te mettre debout. Tu viens de frôler la mort ! me suis-je récriée.

— Tu as une jument ?

— Oui, elle s'appelle Snickers. Elle est là-bas, sous les arbres. C'est un chemin réservé aux chevaux, les motos sont interdites.

— Je voulais juste traverser le verger. C'est un chouette raccourci jusqu'à la nationale.

— Tu n'as pas vu le panneau à l'entrée ?

— Si, il disait « Propriété privée ». Tu n'as pas le droit de venir non plus, Alison.

— À cheval, c'est moins grave

— Oui, mais moi, je le traverse vite. Je parie que ta jument ne monte pas à cent vingt kilomètres-heure !

— Non, ai-je répondu en donnant un coup de pied dans son pneu en lambeaux. Mais ta moto non plus, maintenant !

Soudain son visage s'est décomposé, et j'ai regretté ma méchanceté.

— Écoute, Sam, si tu ne veux pas rester là à attendre une ambulance, laisse-moi au moins t'emmener à cheval, ai-je proposé.

— Le cheval, c'est pas mon truc. Bon, merci de m'avoir sauvé la vie, mais ça va, je peux me débrouiller seul, a-t-il assuré en arrachant le tee-shirt taché de sang. Désolé, je n'ai pas d'argent sur moi, mais je te le rembourserai.

Il a examiné sa moto, l'air abattu.

— On doit pouvoir la réparer, l'ai-je consolé.

— Peut-être...

— Tu connais un bon mécano ?

— Je m'arrangerai.

Il a ôté son blouson en cuir, me laissant entrevoir un paquet de mouchoirs dans sa poche intérieure. Je n'aurais pas imaginé qu'un garçon à la vie si mouvementée pense à ce genre de détail pratique.

— Qu'est-ce qu'il y a ? s'est-il inquiété, remarquant mon air surpris.

— Rien, enfin... c'est tes mouchoirs...

Il a écarquillé les yeux.

— Mes quoi ?

— Rien. Laisse tomber.

Haussant les épaules, il a rejoint le sentier. Sous ses pas, ses bottes soulevaient de petits nuages de poussière. J'ai regardé s'éloigner le mystérieux Sam Cody, qui avait peut-être volé ou même tué… Finalement, il me faisait pitié à marcher ainsi tristement, privé de son étalon d'acier.

Je l'ai rattrapé en courant au niveau de l'arbre où j'avais attaché Snickers.

— Allez, je vais t'emmener, on va dans la même direction, ai-je insisté.

Sam s'est arrêté. Une mèche de cheveux était collée sur son front par le sang séché. Il avait l'air épuisé.

— Écoute, on ne se connaît même pas, Alison.

— Tu vois, tu sais au moins mon nom.

— Oui, tu es en première S 2. En cours d'espagnol, tu es deux rangs devant moi. Je connais surtout ton dos. Tiens, hier, tu avais une queue-de-cheval avec un de ces trucs en tissu chiffonné.

— Un chouchou, ai-je confirmé.

— Mais, toi, comment ça se fait que tu connaisses mon nom ?

— J'ai… entendu parler de toi, disons.

— Ah bon ?

— Tu sais, un nouvel élève, c'est un événement dans ce petit lycée.

— Mmm.

Il n'avait pas l'air très intéressé par les bruits qui couraient à son sujet.

En fait, de près, avec la sueur qui coulait sur son front, mêlée de sang et de poussière, il avait vraiment l'air inquiétant. Il semblait plus âgé que les garçons de ma classe, il n'avait rien du « bon élève bien sage ».

— Tu es déjà allé à Okeechobee? ai-je demandé.

Sam a fermé les yeux. Mon interrogatoire devait l'avoir achevé. Comme il titubait, je lui ai pris le bras, et il m'a suivie sans résister.

Snickers l'a observé, l'air inquiet. Sam s'est appuyé au tronc de l'arbre. Il était livide.

— Je te présente Snickers, ai-je annoncé. C'est une vieille jument qui a son petit caractère. Il lui arrive de mordre et, surtout, elle n'aime pas trop les garçons.

— Parfait. Je n'aime pas trop les chevaux, a-t-il répliqué en caressant quand même son encolure.

Elle a soufflé d'un air moqueur.

— Bon, tu vas passer le pied gauche là-dedans, ai-je indiqué en descendant l'étrier. Et la jambe droite par-dessus la croupe. Je conduirai Snickers, d'accord?

— Je suis déjà monté à cheval. Mon grand-père a un vieux canasson. Mais je préfère les véhicules sans dents!

Sam s'est installé facilement sur la selle

pendant que je fourrais mon classeur dans mon sac à dos et que je grimpais derrière lui.

— Tu es sûr que tu ne risques pas de t'évanouir ? me suis-je inquiétée en prenant les rênes. Tu es tout pâle !

— Ça va, je t'assure. Une aspirine et je serai en superforme !

J'ai mis Snickers au pas pour ne pas trop secouer mon blessé. Pour la diriger, je devais parfois m'appuyer contre Sam. Il sentait le tabac, la sueur et l'herbe. Ça peut paraître écœurant, mais c'était plutôt agréable.

Nous étions bercés par le pas régulier de Snickers, serrés l'un contre l'autre. Ça n'a l'air de rien, mais c'était *très* agréable.

Je sentais qu'il se passait quelque chose... d'agréable ! Bruce Potts ne serait plus le héros de mes rêves, il venait d'être remplacé par un mystérieux blessé.

Bruce était pourtant le garçon idéal avec son sourire digne d'une publicité pour dentifrice et ses yeux bleu ciel. Mais c'était Sam qui me donnait la chair de poule par vingt-cinq degrés sous le soleil de Floride.

Il restait si silencieux que je me demandais s'il était tombé dans le coma. Quand nous avons atteint la nationale, j'ai tiré sur les rênes pour arrêter Snickers.

— J'habite à deux kilomètres d'ici, ai-je expliqué. Je pourrais te déposer chez un médecin au passage.

— Non, je n'ai pas d'argent.

— Je pourrais t'en prêter.

Sam a passé une jambe par-dessus l'encolure de Snickers. Il est descendu et a atterri en réprimant une grimace de douleur.

— Je vais faire du stop, merci.

— Tu n'es pas en état de faire du stop, Sam.

Il a levé la tête pour me dévisager.

— Ah ? Et pourquoi donc ?

— On te retrouvera écrabouillé sur le bord de la route, comme ta moto !

— Tu sais, je suis un grand garçon, j'assume le risque.

— Justement, tu prends trop de risques, ai-je répliqué.

J'avais la désagréable impression d'entendre parler ma mère. Je suis descendue de cheval et j'ai sorti mon portefeuille de mon sac.

— Tiens, voilà de quoi te payer un taxi, au moins.

— Non merci.

— Alors, une pièce pour téléphoner, au cas où ?

Pour la première fois, Sam a souri. Il a posé sa main sur mon épaule et m'a rassurée :

— Ça va aller, Alison.

Troublée, j'ai continué à fouiller dans mon sac pour lui donner un peu monnaie. Pendant ce temps, Sam chuchotait quelques mots à l'oreille de Snickers, et elle a dû apprécier car d'habitude elle ne laisse jamais un garçon l'approcher à moins d'un mètre. Comme il lui caressait le museau, je me suis sentie tout émue.

Je lui ai finalement tendu un billet de dix dollars :

— Tiens, prends au moins ça.

Mais il avançait déjà le long de la route, le bras tendu et le pouce levé pour arrêter les voitures qui filaient à toute allure.

Je l'ai regardé s'éloigner jusqu'à ce qu'une camionnette rouge le prenne en stop. Il est monté, et elle a redémarré dans un nuage de poussière.

Je me demandais si je le reverrais un jour…

« Tomber amoureuse,
ce devait être comme
sauter à l'élastique du haut
de l'Empire State Building. »

2

En dessellant Snickers dans notre petite écurie, derrière la maison, je me suis repassé le film de ma rencontre avec Sam. J'essayais de comprendre ce qui était arrivé, étape par étape, rationnellement. Je veux faire de la recherche en biologie, alors j'ai intérêt à avoir l'esprit scientifique !

Qu'est-ce que je savais sur lui ? Qu'il venait d'un autre État. Qu'il aimait risquer sa vie. Qu'il était en première, comme Isa et moi. Mais j'avais entendu dire qu'il séchait beaucoup de cours : encore un mauvais point pour lui.

Bon. Dans la liste de ses qualités, il faut admettre qu'il n'était pas moche. D'accord, je dois avouer qu'il était même plutôt mignon. En fait, il était carrément craquant ! En plus, il avait un paquet de mouchoirs dans sa poche et il avait embrassé ma jument !

J'ai enfoui mon visage dans la crinière de Snickers, toute douce et chaude.

Bon, c'était tout : des Kleenex et un bisou. Mais même pas un bisou pour moi !

Pourtant, je savais qu'il s'était passé quelque chose là-bas dans le verger. Et depuis, j'éprouvais tous les symptômes d'une bonne grippe : les jambes qui flageolent, des bouffées de chaleur, le cœur qui bat la chamade…

Peut-être que je couvais la grippe, après tout. Ou bien j'étais enfin vraiment tombée amoureuse.

J'avais déjà ma petite idée sur ce qui arrivait quand on tombait amoureuse. Les étoiles scintillaient, les oiseaux chantaient… Enfin, on savait que ça y était : pas de doute, c'était le grand amour. Tomber amoureuse, ce devait être comme sauter à l'élastique du haut de l'Empire State Building.

Je n'ai jamais sauté à l'élastique bien sûr (eh ! je ne suis pas folle), mais j'imagine que l'on doit ressentir la même chose : une sorte de vertige, de trou sans fin au creux de la poitrine.

J'avais quand même quelques hésitations. Je m'étais promis de tomber amoureuse de Bruce Potts ou d'un garçon parfait dans son genre ; mais surtout pas d'un fou qui fume, qui conduit sa moto à toute vitesse et qui est peut-être le fils caché de Mick Jagger !

J'étais perdue.

J'avais besoin de conseils avisés.

J'avais besoin d'Isa.

Isa et moi, nous nous sommes rencontrées en stage d'été dans une réserve d'animaux marins, à Sarahsota. J'avais neuf ans, elle huit, et nous étions les seules du groupe à accepter de toucher des vers de vase. Aussitôt nous sommes devenues les meilleures amies du monde.

Isa (Isabella Cates-Lopez, de son vrai nom) était une très bonne élève, qui avait sauté deux classes. C'était un véritable génie.

Moi, ce qui me plaisait dans la biologie, c'était la sauvegarde des espèces en voie de disparition, l'écologie, la protection de la nature. Alors qu'Isa se passionnait pour des sujets plus abstraits, plus théoriques : la génétique, l'étude des cellules au microscope, etc.

Attention, nous n'étions pas uniquement intéressées par nos bouquins et nos éprouvettes. Nous rêvions du grand amour, attendant patiemment que le prince charmant vienne nous chercher. Il devait simplement être coincé dans les embouteillages !

À cet instant, ma petite sœur de dix ans m'a tirée de mes pensées en apparaissant à la porte de l'écurie. Elle dribblait habilement avec son ballon de basket.

— Alison, tu verrais ta tête, on dirait une vache qui rumine !

— Est-ce qu'Isa a appelé? ai-je demandé, ignorant délibérément sa charmante remarque.

Sarah était odieuse depuis quelque temps… et même depuis sa naissance, je crois.

— Tu me prends pour ta secrétaire ? J'ai d'autres occupations, figure-toi, a-t-elle répliqué.

— De toute façon, Isa doit encore être chez l'ophtalmo.

J'ai tendu la selle de Snickers à ma sœur. En grimaçant, elle a lâché son ballon pour aller la ranger dans la sellerie.

— Isa a des problèmes de vue ? s'est-elle inquiétée.

— Je ne sais pas. Elle a déjà consulté trois médecins pour ses migraines, mais elle refuse de porter des lunettes !

— Al, je peux sortir Snickers pour une petite balade ?

— Non, je viens de la desseller, Sarah ! ai-je soupiré en guidant la jument dans son box. Et puis, souviens-toi, on a conclu un marché : si tu m'aides à nettoyer l'écurie, à la nourrir et à la panser, tu peux la monter. Sinon, pas question.

Elle m'a lancé un regard noir. J'avais l'impression de me voir en modèle réduit. Les mêmes cheveux châtain clair, les mêmes yeux gris. Je ne la détestais pas autant qu'elle semblait me haïr. En fait, on ne se comprenait pas du tout.

D'habitude, je suis plutôt douée pour analyser

ce qui se passe dans la tête des gens, cependant ma propre petite sœur me laissait perplexe.

— Tu es une sœur tyrannique et exaspérante, Al, m'a-t-elle lancé en guise d'au revoir.

Je suis allée m'asseoir au calme dans la sellerie pour respirer la douce odeur de cuir et de cire. J'ai décroché le téléphone mural pour appeler Isa. C'est sa mère, Lauren, qui a répondu. D'une voix éteinte, elle m'a expliqué qu'Isa était à la bibliothèque. Dans le fond, j'entendais quelqu'un pleurer et gémir.

— C'est Rosa qui pleure ? me suis-je inquiétée.

Rosa, la tante d'Isa, est d'origine cubaine. Elle habite dans le même immeuble en front de mer.

— Oui, ma chérie, a soupiré Lauren.

Normalement, Lauren ne m'appelait jamais « chérie ».

— Tout va bien chez vous ?

— Écoute, je dois raccrocher. Tu peux retrouver Isa à la bibliothèque, Alison, m'a-t-elle dit.

J'ai entendu de nouveaux sanglots dans le fond, puis la ligne a été coupée. *Il y a dû y avoir un décès dans la famille*, ai-je pensé. *Un de leurs cousins de Cuba, peut-être.*

Le père d'Isa, un auteur célèbre, a quitté Cuba il y a une vingtaine d'années. La mère d'Isa, qui éditait son œuvre aux États-Unis, l'a aidé à s'installer ici. C'est très romantique : elle est d'abord tombée amoureuse de lui à distance, en lisant ses livres.

Puis, lorsqu'ils se sont rencontrés, ils ont eu le coup de foudre. Une histoire digne d'un grand roman d'amour, non ?

J'ai pris les clés du break et je suis passée prévenir maman que je rentrerai pour le dîner.

Mes parents, qui tiennent un cabinet de vétérinaires, utilisent parfois cette voiture pour des urgences. Elle a même servi d'ambulance pour une chèvre qui avait mangé un kilo de lentilles sèches. Avec la boîte. Le break n'a rien d'une décapotable de rêve, mais au moins il a des roues et un moteur.

À cette heure tardive, la bibliothèque du lycée était déserte. J'ai trouvé Isa à sa place habituelle, un petit coin tranquille où l'on n'avait pas la tentation de se laisser distraire en regardant par la fenêtre. Elle était penchée, ses longs cheveux bruns tombant en rideau devant son visage. Parfois, je l'enviais : elle était si jolie avec ses yeux profonds, sa silhouette élancée… si jolie qu'elle intimidait les garçons. Pourtant j'aurais donné n'importe quoi pour me glisser dans sa peau une seule journée.

J'ai laissé tomber mon sac à dos au milieu des piles de livres aux titres indigestes qui encombraient la table.

— Isa, devine ce qui m'est arrivé !

Elle a levé la tête. Elle avait les yeux rouges. *Sûrement à cause de sa consultation chez l'ophtalmo*, me suis-je rassurée. Mais il y avait autre chose, je le sentais.

— Tu as découvert comment guérir le cancer, a-t-elle répondu d'une voix lasse.

— Ça va, Isa ? Qu'est-ce qui se passe ? J'ai appelé chez toi et j'ai cru entendre Rosa pleurer…

— Elle pleure pour un oui ou pour un non, tu la connais.

J'ai acquiescé puis, désignant les livres, j'ai demandé :

— Tu prépares un exposé pour le cours de bio, tu vas encore nous épater ?

— Mmm, je me renseigne.

Elle parlait d'une voix étrange, éteinte, comme un message sur un répondeur. J'ai jeté un œil aux titres qu'elle avait choisis : *Théorie et pratique d'oncologie clinique*, *Chimiothérapie et radiothérapie : dernières avancées technologiques*, *Diagnostic et traitements en cancérologie*…

J'ai senti ma gorge se serrer douloureusement.

— Isa, qu'est-ce que l'ophtalmo t'a dit ?

Elle a fermé son livre et a murmuré :

— Tu ne devineras jamais.

Et elle s'est mise à pleurer.

J'ai conduit Isa à la plage des tortues pour tenter de la réconforter.

Nous nous sommes installées sur notre petite dune, où nous venions observer les tortues de mer le printemps passé.

C'était là qu'on se retrouvait quand quelque chose n'allait pas — une mauvaise note, une dispute avec nos parents. On discutait de nos expériences avec ces êtres bizarres : les garçons. On se racontait les potins du lycée ou on cherchait des prénoms pour nos enfants (Isa aimait bien Guenièvre, bizarre, non ?).

Nous avions bien imaginé nos mariages, nos maisons, nos brillantes carrières de Prix Nobel de biologie ou de médecine... Mais nous n'avions jamais réfléchi à un traitement pour le cancer.

À l'horizon, le soleil rougissait l'océan. Nous avons enfoui nos pieds dans le sable tiède et doux. Nous ne pouvions pas parler, écrasées par trop de questions sans réponse. Alors nous avons pleuré ensemble.

Finalement, Isa a rompu le silence. Elle s'est esclaffée devant deux mouettes qui se disputaient une algue brune.

En l'entendant rire, j'ai réalisé qu'en fait j'étais furieuse.

— Pourquoi tu ne m'as rien dit? Tu le sais depuis longtemps, Isa. Tu as subi plein d'examens... en vérité, tu n'allais pas chez l'ophtalmo ! Et... et la fois où tu as eu un malaise pendant le cours de gym, tu as prétendu que c'était juste une baisse de sucre... et je ne me suis doutée de rien ! ai-je balbutié. Et toi, ma meilleure amie, tu m'as menti !

— C'est bon, tu as fini ? m'a-t-elle demandé calmement.

Je me suis vraiment sentie minable. Au lieu de la consoler, je l'assommais de reproches.

— Oh, Isa, excuse-moi, ai-je murmuré. Je ne suis qu'une idiote. Mais tout ce temps, au lieu de garder tes angoisses pour toi, tu aurais pu m'en parler.

— Tu crois que cela aurait été mieux qu'on soit deux à s'inquiéter ?

Elle a haussé les épaules et a poursuivi en me regardant droit dans les yeux :

— Tu as encore cinq ou six mois pour te morfondre avec moi !

— Tu veux dire que dans six mois tu seras guérie ai-je osé, avec l'espoir fou que j'avais raison.

Elle a secoué la tête imperceptiblement.

— Non, dans six mois, je serai…

— Arrête, Isa ! Tu ne vas pas mourir. Ni demain ni dans six mois, ai-je assuré en lui serrant la main à lui faire mal. Les médecins peuvent se tromper.

— Al, tu sais bien qu'on ne guérit pas d'une tumeur au cerveau.

— Si, il y a une chance que tu t'en sortes. Ils vont te faire une biopsie, ils ne savent pas encore si la tumeur est maligne ni à quel stade elle en est.

— D'accord. Mais d'après ce que j'ai lu, je crois qu'il vaut mieux ne pas trop espérer.

Il faisait lourd, orageux. J'avais du mal à respirer.

— Mais enfin, Isa, ça ne va pas! Tu parles comme si tout était déjà joué, comme si ta vie était finie! me suis-je récriée en me levant d'un bond.

— Tu sais, Al, j'ai eu le temps de m'habituer à cette idée. Il y a quinze jours, ils m'ont annoncé que je risquais d'y passer. Et aujourd'hui, ça s'est confirmé. Tu verras, tu t'y feras aussi.

— Non, je ne vais pas accepter que ma meilleure amie abandonne aussi vite!

— Le problème, c'est que personne n'ose parler de la mort, a continué Isa. Il faut être lucide : c'est moche, mais c'est inévitable! Je préférerais papoter froufrous, potins de stars ou même politique, mais je n'ai pas le choix.

Elle s'est allongée sur le sable et a conclu :

— En fait, on préfère faire comme si on était immortels, c'est moins dur que d'affronter l'idée qu'on va tous mourir un jour.

— Mais on ne va pas mourir, Isa, on n'a même pas dix-huit ans!

Elle a juste souri.

— Ils sont en train d'expérimenter des traitements pour les tumeurs, tu pourrais essayer, ai-je suggéré.

— Oui, je vais aller passer d'autres examens dans un service spécialisé, à Miami. Je leur demanderai. J'aurais préféré devenir médecin et trouver moi-même comment guérir le cancer… mais je devrai me contenter de servir de cobaye. J'apporterai ma collaboration à la science en tant que souris de laboratoire à défaut d'être chercheur!

Je me suis agenouillée à ses côtés tandis qu'elle poursuivait.

— La seule chose qui m'énerve, c'est que j'avais plein de grands projets…

— Mais tu as déjà réussi des choses super, Isa.

— Mmm… je compte sur toi pour réaliser tous nos rêves. Tu iras vivre à Paris et tu auras des jumeaux, d'accord?

— Mais, Isa, tu es encore là, avec nous. Tu vas guérir.

— Et tu essaieras le saut en parachute. Non, en fait, tu n'es pas obligée. Tu auras assez à faire avec les jumeaux.

— Rien ne va aujourd'hui. Je voudrais retourner en arrière et recommencer cette journée, ai-je soupiré.

À cet instant, je me suis souvenue de ma rencontre avec Sam, l'après-midi même. Je n'avais pas du tout envie de l'effacer de ma vie. J'ai essayé de me rappeler son sourire, mais je ne revoyais que l'accident, la chute, le sang sur son front.

Le jour déclinait, la lune avait fait son apparition. Isa a tendu le doigt vers le nid des tortues :

— Il y aura de nouveaux œufs cet été.

— Oui, comme chaque année, les tortues pondront à la fin du printemps.

— Tu crois que je les verrais éclore ?

— Bien sûr, Isa.

— Si je ne suis plus là, a-t-elle murmuré, tu viendras quand même. Promis, Al ? Les jumeaux, le parachute, les tortues. Tu feras tout ça pour moi, d'accord ?

— S'il te plaît, Isa, garde espoir. N'abandonne pas. Ne me laisse pas tomber.

Elle a appuyé la tête contre mon épaule et nous avons regardé les reflets argentés de la lune sur l'océan. Isa se balançait doucement de gauche à droite pour me bercer, tandis que je pleurais en silence.

— Quand les œufs vont-ils éclore ? m'a-t-elle demandé.

— Mi-août, début septembre.

Elle a hoché la tête comme si elle venait de prendre une décision importante.

— D'accord, Al. Je serai là, promis, m'a-t-elle assuré.

*« De toute façon,
je n'ai rien à perdre.
Si je meurs demain,
autant vivre à fond
aujourd'hui. »*

3

Le lendemain, tout le lycée était au courant de ce qui arrivait à Isa. On avait oublié les bruits qui couraient sur Sam pour ne parler que de la maladie de mon amie. On chuchotait qu'elle n'avait plus que trois semaines à vivre, qu'en fait elle avait le sida, qu'elle avait un cancer de la peau, du sein, du petit orteil, etc. Ces rumeurs étaient tellement horribles et idiotes que c'en était presque tragiquement drôle.

Isa devait partir se faire opérer à Miami dans un service spécialisé. Le chirurgien était un ponte en matière de tumeurs cérébrales, selon ce qu'elle m'avait fièrement annoncé. Elle était tout excitée d'avoir « une telle chance ». Elle espérait même qu'ils la laisseraient visiter leur labo. Je me demandais si elle se rendait compte de la situation. Nous étions tous terriblement angoissés, et elle, elle restait... Isabella Cates-Lopez, passionnée de sciences, comme d'habitude.

Le mercredi, elle a insisté pour venir en cours le matin alors qu'elle devait prendre l'avion à quatre heures. Mais elle n'aurait pour rien au monde manqué son contrôle de physique.

Après, nous nous sommes installées sur la pelouse devant le lycée pour déjeuner. Cependant, nous n'avions pas vraiment faim ni l'une ni l'autre.

— Tu as peur ?

— Peur ? Parce qu'on va me percer un trou dans le crâne pour m'enlever un bout de cervelle ? Non, je n'ai pas peur. Si je me faisais refaire le nez, là, oui, je m'inquiéterais.

Isa a écarté une longue mèche qui lui tombait devant les yeux. En revenant de Miami, elle n'aurait plus un seul cheveu. Mais elle serait encore belle.

— Promets-moi juste une chose, Al. Si je sors de l'opération comme un légume, tu leur diras de me débrancher, hein ? Je préfère mourir que de vivre sans avoir toute ma tête.

Elle a lancé son sandwich à la poubelle et a poursuivi :

— Je l'ai dit à mes parents, mais tu sais comment ils sont quand il s'agit de la vie de leur enfant... Alors, si à mon retour je me mets à regarder *les Feux de l'amour* ou *le Juste Prix*, achève-moi ! C'est juré ?

J'ai réussi à lâcher un petit rire triste.

— Non, je suis sérieuse, Al, a-t-elle insisté.

— C'est promis.

Heureusement que nous portions des lunettes de soleil ; je n'aurais pas pu la regarder dans les yeux en disant cela.

Elle s'est alors penchée à mon oreille pour chuchoter :

— Attention, mystérieux brun aux yeux ensorcelants repéré à cent vingt degrés droite !

J'ai suivi son regard. C'était Sam. Il avait dû encore sécher les cours car c'était la première fois que je le croisais depuis ce fameux après-midi dans le verger.

Je n'avais pas raconté notre rencontre à Isa. En fait, je m'inquiétais tellement pour elle que je n'avais pas l'esprit aux histoires de cœur.

Il était nonchalamment appuyé à un arbre. À cause de ses lunettes noires, on ne pouvait pas savoir s'il nous observait.

— Sam, le mauvais garçon, a commenté Isa. Je le trouve plutôt mignon dans son genre.

— Sam ? me suis-je étonnée d'un air dégagé. Vraiment ?

— Tu sais, quand tu es aussi grande que moi, le choix de garçons est réduit. Lui, au moins, je ne le dépasse pas d'une tête. Il a un sourire craquant. Et en plus, il a une Harley.

— Je crois que sa moto est hors service, Isa.

J'ai aussitôt regretté d'en avoir trop dit. Le

moment était mal choisi pour discuter de mes sentiments envers Sam.

— Ah bon ? Comment tu le sais ?

— Je l'ai vu s'écraser contre un arbre dans le verger où je vais me balader à cheval.

— C'est pas vrai ! Pourquoi tu ne m'as rien raconté ?

— Eh bien... ai-je hésité. C'est arrivé lundi.

— Mmm, je comprends... Alors, que s'est-il passé ?

— Il a perdu beaucoup de sang, mais j'ai arrêté l'hémorragie grâce à mon tee-shirt ! ai-je plaisanté.

— On dirait un épisode d'*Urgence* ! C'est tout ? Tu ne lui as même pas fait de bouche-à-bouche ?

— Non, je n'en ai pas profité.

Elle m'a fixée d'un regard inquisiteur.

— Même pas un tout petit peu ?

— Non, je te le jure. Il est arrivé à toute allure, il s'est écrasé contre un arbre, il était sonné. Point.

— Bon, alors je crois que je vais foncer droit vers lui, l'aborder et lui proposer de sortir avec moi.

— Chiche ?

— Je ne risque pas de passer pour une folle ? Oh, et puis zut ! De toute façon, je n'ai rien à perdre. Si je meurs demain, autant vivre à fond aujourd'hui, a-t-elle conclu en haussant les épaules.

— Tu parles sérieusement ?

— Je ne sais pas. Je ne suis plus sûre de rien, Al. Oh, oh! le voilà, m'a-t-elle avertie.

Sam traversait la pelouse d'un pas tranquille. Je me demandais s'il avait consulté un médecin. Sur son front, il ne restait qu'une fine cicatrice noire. J'ai senti une vague d'espoir fou me submerger alors qu'il s'approchait. Je ne sais pas vraiment ce que j'attendais... peut-être qu'il me prenne dans ses bras et me susurre que j'étais la femme de sa vie et...

— Salut! a-t-il lancé.

Bon, ce n'est pas tellement passionné comme entrée en matière! ai-je pensé, déçue. J'ai platement répliqué :

— Salut!

— À mon tour, a plaisanté Isa. Salut!

— Tu t'appelles Isabella, non? On est ensemble en cours d'allemand.

Elle a ôté ses lunettes de soleil et a répondu :

— Oui, je suis surprise que tu m'aies remarquée. Tu ne viens pourtant pas souvent en cours.

Il a souri, puis a pris un air grave.

— J'ai appris que tu avais une tumeur.

Il avait osé prononcer ce mot si dur et terrifiant que tout le monde évitait soigneusement, mais Isa n'a pas cillé.

— Bof, de toute façon, je voulais changer de coiffure, ça tombe bien.

Sam a esquissé un petit rire, pourtant son regard restait peiné.

— Tu vas te faire opérer ?

— Lundi. Je dois subir des examens avant, a-t-elle expliqué.

— Bon courage alors.

Sam a fouillé dans sa poche pour en tirer un billet de cinq dollars, et il me l'a tendu en levant enfin les yeux vers moi.

— Tiens, Alison.

Je me suis sentie rougir.

— Pourquoi ? ai-je demandé en fronçant les sourcils.

— C'est pour te rembourser le pansement improvisé.

— Je t'en prie, ce n'était qu'un vieux tee-shirt, me suis-je récriée en riant.

Il a eu un instant d'hésitation avant de fourrer le billet dans son jean.

— Bon, en tout cas, merci pour le coup de main.

Je guettais un signe — un regard profond, une intonation émue — qui trahirait qu'il ressentait un petit quelque chose pour moi. Mais il s'est retourné vers Isa pour lui souhaiter bonne chance et s'est évanoui dans la nature.

— Flûte ! Je n'ai pas osé lui demander, a grommelé mon amie.

Comme d'habitude, elle échafaudait des plans farfelus pour aborder les garçons… qu'elle ne mettait jamais à exécution. C'était dommage car elle avait l'allure d'un top-model et un QI époustouflant…

Mais comme elle vivait sur son petit nuage, elle ne se rendait pas compte de ce qui se passait autour d'elle. Quand un garçon s'intéressait à elle, elle ne le remarquait même pas. Alors que moi, je me faisais tout un monde du moindre compliment, j'interprétais le moindre regard. Si un garçon me bousculait accidentellement dans le couloir, je me voyais déjà à son bras en robe de mariée !

Isa a soupiré.

— Tu n'as pas senti un courant spécial passer entre nous, toi qui est douée pour ce genre de choses ? m'a-t-elle demandé, mi-sérieuse mi-moqueuse. Ou bien c'était juste de la pitié ? Peu importe. C'est décidé, si je suis revenue pour la Saint-Valentin, je lui proposerai de sortir avec moi.

— Tu as raison, Isa. Fais des projets, ça te donnera une r…

— Quoi… « une raison de vivre » ? m'a-t-elle coupée.

— Non, je… je voulais juste dire que ça t'aiderait à garder le moral.

— Mmm. On verra. Tu crois qu'il aime les jolies filles chauves ?

— Jolies et intelligentes, oui. Il faut po-si-ti-ver ! D'accord ?

— Je suis superpositive, Al, m'a-t-elle assuré en se relevant d'un bond. En plus, pour la soirée de la Saint-Valentin, je pourrai mettre une petite robe noire ultra-moulante, car grâce à l'opération j'aurai maigri !

— Voilà, tu es déjà plus optimiste ! l'ai-je encouragée.

Je me suis remise debout en époussetant mon jean et je l'ai questionnée, l'air de rien :

— Tu es sérieuse pour Sam ?

— Al, tu me connais, a répliqué Isa avec un petit rire. Je parle, je parle, mais je ne passe jamais à l'action. Et puis, j'ai d'autres chats à fouetter…

Son visage s'est assombri d'un coup.

— Il faut que tu me donnes des cours pour apprendre à po-si-ti-ver, je crois, Al.

La gorge serrée, j'ai accompagné Isa dans le hall. Ses parents l'attendaient anxieusement dans leur voiture, devant le lycée.

Comme je tirais deux paquets-cadeaux froissés de mon sac à dos, mon amie a froncé les sourcils :

— Oh, Al, tu n'aurais pas dû !

Elle a adressé un petit signe à ses parents et nous nous sommes assises sur un banc près de la porte.

Le proviseur adjoint, M. Lutz, nous observait de son bureau du coin de l'œil. Isa avait déjà dû subir son grand discours d'encouragement : « Toute l'équipe du lycée vous soutient moralement. Une élève brillante comme vous saura être forte, et bla bla bla... »

Déchirant le papier bariolé du premier cadeau, elle en a tiré un pyjama de satin bordeaux.

— Super! Les infirmières vont me prendre pour une star!

Elle a ouvert le second paquet et en a sorti un plan de Paris.

— C'est pour décorer le mur de ta chambre d'hôpital, ai-je expliqué.

Je l'ai serrée dans mes bras et nous nous sommes mises à pleurer en chœur. Puis, brusquement, elle s'est dégagée de mon étreinte pour s'engouffrer dans la voiture de ses parents.

— Ça va aller, ne t'en fais pas, ai-je crié. Mais elle était déjà loin, et je crois que seul M. Lutz m'a entendue.

« J'ai reposé le combiné machinalement, le souffle coupé par ce que je venais d'apprendre. »

4

Le lendemain matin, j'étais en train de m'énerver après le cadenas de mon casier lorsque Sam est sorti de la foule d'élèves qui se pressaient dans le hall.

— Salut, Alison.

— Hello, ai-je lancé sans cesser de me débattre avec ma clef.

— Je t'ai apporté une surprise, a-t-il annoncé en me tendant un tee-shirt gris chiné soigneusement roulé.

J'ai mis quelques secondes à réaliser pourquoi il faisait cela tandis qu'il m'expliquait :

— J'étais embêté d'avoir taché le tien l'autre jour, et je n'ai pas trop d'argent en ce moment alors...

J'ai déroulé le tee-shirt. Il sentait bon le propre.

— Il est presque neuf, a commenté Sam. Je ne l'ai porté que deux fois, et je l'ai lavé.

Le tee-shirt de Sam ! Waouh ! Je le mettrai pour dormir jusqu'à ce qu'il tombe en morceaux.

Sam a grimacé.

— Oh, j'ai perdu la tête, a-t-il soupiré en m'arrachant le vêtement des mains. Que ferais-tu d'un chiffon pareil ?

— Non, me suis-je récriée en le reprenant. Je le veux, ça me fait plaisir.

Perplexe, il m'a regardée fourrer précipitamment le tee-shirt dans mon sac à dos.

— Merci, Sam. On est quittes comme ça.

Il a hésité un moment avant de me demander :

— Tu as des nouvelles de ta copine ?

— Isa ? Elle m'a appelée de l'hôtel hier soir. Ils lui font subir des tas d'examens avant de l'opérer lundi. Ça va aller, ai-je assuré en essayant de m'en convaincre. Elle est forte.

— J'espère que tu as raison.

— Bah ! oui, ai-je répondu platement, gênée.

— Bon, eh bien ! à un de ces jours, alors, a-t-il conclu en haussant les épaules.

Et il a disparu.

J'ai ouvert mon sac à dos pour vérifier que son tee-shirt était toujours là. Aussitôt, une vague de culpabilité m'a envahie : j'étais là à caresser un morceau de tissu alors que ma meilleure amie risquait de mourir.

Sans pouvoir retenir mes larmes, j'ai couru m'enfermer dans les toilettes les plus proches. *Je ne suis qu'une idiote, une sombre idiote*, me répétais-je.

Je m'apitoie sur mon sort et ça ne sert à rien. Mais je ne voyais pas comment aider Isa autrement.

Au bout d'un quart d'heure passé à sangloter sans répit, j'ai enfin réussi à retrouver mon calme. Entre deux hoquets, j'ai tiré le tee-shirt de Sam de mon sac pour m'essuyer les yeux. Sentir ce tissu tout doux contre ma joue m'a réconfortée. J'ai inspiré profondément. Je me sentais affreusement stupide, mais au moins j'avais arrêté de pleurer et j'ai pu retourner en classe.

Il a plu à verse tout le reste de la semaine. En fait, ça ne me gênait pas : le temps gris convenait parfaitement au drame que nous vivions.

Le samedi après-midi, j'ai conduit Sarah chez une amie. La route était encombrée, et nous avancions par à-coups. Comme le dégivreur ne marchait pas, les vitres étaient couvertes de buée. Nous avons dû ouvrir les fenêtres, laissant entrer la pluie à l'intérieur de la voiture, qui dégageait une odeur de chien mouillé.

Alors que nous étions ralenties par le chantier de construction du pont de la baie de Philippi, Sarah a tendu le bras vers le bas-côté de la route.

— Regarde le pauvre auto-stoppeur. Qui va le laisser monter dans sa voiture, trempé comme une soupe ?

Je ne sais pas pourquoi, mais avant même de regarder je savais qui c'était. Sam.

J'ai gardé les yeux fixés sur la route, tandis qu'une vague d'espoir me soulevait le cœur.

Il n'était plus qu'à dix mètres devant nous. Nos regards se sont croisés. En soupirant, je lui ai fait signe d'approcher.

— Qu'est-ce que tu fais ? s'est étonnée Sarah. Tu ne vas pas le prendre en stop, quand même ? Ou sinon, on nous retrouvera découpées en morceaux sur une plage déserte, Al !

— Je le connais, il est en première dans mon lycée, Sarah.

Je me suis rangée sur le côté et Sam est entré par la portière arrière.

— Décidément, tu arrives toujours juste à temps pour me sauver, Alison, a-t-il remarqué.

Et en tendant la main à Sarah, il a poursuivi :

— Je suis Sam Cody.

Après un instant de surprise, elle lui a serré la main.

— Moi, c'est Sarah, je suis la sœur de cette folle au volant. C'est une copine à toi ?

— Pas encore, presque.

— Un bon conseil : oublie-la ; elle est insupportable.

— Elle m'a pourtant sauvé la vie.

Sarah m'a lancé un regard surpris dans le rétroviseur. Affreusement gênée, je serrais le volant à m'en faire mal.

— Je n'allais pas le laisser se vider de son sang, ai-je protesté en réussissant à sourire. Où je te dépose, Sam ?

— Le plus au nord possible sur ta route.

— Mais il tombe des cordes. Il vaudrait mieux que je te conduise chez toi.

— Non, non, ne t'embête pas pour moi. Je me débrouillerai.

— Ne t'en fais pas, l'a rassuré Sarah. De toute façon, elle n'a rien de mieux à faire.

Je lui ai lancé un regard noir, mais elle n'a pas cillé. Elle n'a même pas réagi.

— Vous vous taquinez alors qu'au fond vous vous adorez, n'est-ce pas ? s'est enquis Sam.

— On se dispute car au fond on se déteste cordialement, a corrigé Sarah. Tu as une sœur, toi ?

— Non, j'ai deux petits frères. Le plus grand doit avoir ton âge.

— Ils vont à quelle école ?

— Hum, loin d'ici… a répondu Sam évasivement.

— Où ça ? a insisté Sarah.

— Sarah, tu me diras quand je dois tourner pour aller chez Kelly ?

— C'est pas vrai ! Tu m'y as déjà emmenée une centaine de fois et tu ne connais toujours pas le chemin ?

— J'essayais seulement de changer de sujet, ma chère sœur trop curieuse.

— Mais, je lui demandais juste…

— Ça suffit, Sarah.

Elle s'est renfrognée, bras croisés, et n'a plus dit un mot jusqu'à ce que je la dépose chez son amie, quelques minutes plus tard. Elle est sortie de la voiture en claquant violemment la porte.

— Vive la famille ! ai-je commenté avec un pauvre sourire.

— Ça passera, m'a rassurée Sam.

— Tu peux passer devant, si tu veux, lui ai-je proposé.

Sam est venu s'asseoir à côté de moi. J'ai suivi Sarah du regard alors qu'elle entrait chez Kelly.

— Je me demande pourquoi elle me déteste à ce point…

— C'est normal. Tu dois l'impressionner.

En manœuvrant pour sortir de l'allée en marche arrière, j'ai répété, incrédule :

— Je l'impressionne ?

— Oui, c'est dur d'avoir une grande sœur si belle et intelligente, a-t-il affirmé en attachant sa ceinture.

Belle ? Personne ne m'avait encore jamais dit que j'étais belle. Comme mes joues s'empourpraient, j'ai dû baisser la vitre un peu plus pour prendre une bouffée d'air frais.

Je me répétais le mot avec plaisir. *Belle.* Dans ce vieux break qui sentait le chien mouillé, un garçon supermignon venait de me dire que j'étais *belle*!

J'ai essayé de reprendre le fil de la conversation.

— Tu les impressionnes tes frères, toi ?

Sam a éclaté de rire.

— Ah non, ça ne risque pas. Ils me prennent plutôt pour un doux dingue.

Je me suis arrêtée à un croisement.

— Alors, on va où ? Il pleut à verse et je ne veux pas te laisser n'importe où sous le déluge. Et puis, ma sœur a raison : je n'ai rien de mieux à faire que de te raccompagner.

Sam tapotait nerveusement le tableau de bord. J'ai remarqué que ses doigts étaient noirs de cambouis.

— Bon, prends à gauche puis je t'indiquerai.

Nous nous sommes tus un moment, assourdis par la pluie qui martelait la voiture.

— Tu n'es pas venu au lycée hier, ai-je hasardé pour rompre le silence.

— Je travaillais au garage, celui qui est sur la route de Bahia Vista. Comme aujourd'hui, a-t-il précisé en me montrant ses mains sales. J'ai bossé sur une vieille Dodge des années soixante-dix. Quand j'ai un moment libre, j'essaye de réparer ma moto. Un des mécanos m'a aidé à la remorquer.

— Mais ça ne t'inquiète pas de manquer les cours ?

— Je n'ai pas le choix.

— Tu risques de te faire renvoyer. Tu n'auras jamais ton bac, tu ne pourras pas aller à la fac et tu gâcheras toute ta vie à travailler comme…

— Comme mécano ?

— Non, non, ce n'est pas ce que je voulais dire, me suis-je reprise, confuse.

Je l'ai observé à la dérobée. À cet instant, il avait l'air si grave qu'on lui aurait facilement donné vingt-cinq ou trente ans.

Suivant ses indications, j'ai quitté la nationale pour m'engager sur une petite route tranquille qui s'enfonçait dans la campagne. Le coin était désert, on ne voyait qu'un stand de fruits et légumes ou un camion de frites de temps à autre sur le bas-côté.

Sam a ramassé à ses pieds un vieux prospectus chiffonné et l'a lu à haute voix :

— « Sauvons les lamantins »… ces espèces de grosses bêtes qui ressemblent à des morses ?

— Je suis membre d'une association de protection de la nature et nous essayons de créer des réserves.

— Pour préserver ces limaces géantes ?

— Je t'accorde que les lamantins ne sont pas tellement mignons, mais ils sont en voie d'extinction. Comme ils ne nagent pas vite, ils se font tuer par les hors-bord qui leur rentrent dedans.

— Mmm, tu sais, on ne peut pas empêcher la disparition de certaines espèces. C'est triste, mais c'est comme ça. Évidemment, c'est plus agréable de croire qu'on peut sauver le monde.

— Non, détrompe-toi, ce n'est pas évident tous les jours d'être une idéaliste ! Les réunions de l'association sont parfois assommantes, mais je tiens bon : je veux devenir chercheur en écologie.

Sam a croisé les bras et m'a dévisagée :

— Tu es un drôle de spécimen, Alison !

— Pas du tout, je suis une fille on ne peut plus banale.

— On ne dirait pas. Ah ! c'est là, tu peux t'arrêter près de la boîte aux lettres.

Un casier en ferraille rouillée était suspendu de guingois aux branches basses d'un pin. Au bout d'un sentier bourbeux, au sommet d'une petite colline, on apercevait un mobile home en alu brut et un antique cabriolet Cadillac rouge, enlisés dans la terre. On se serait cru au bout du monde.

J'ai senti que Sam guettait ma réaction.

— Alors, c'est ta maison ? ai-je osé.

— Non, mais c'est ici que j'habite.

— Je peux te conduire là-haut si tu veux.

— Non merci, s'est-il empressé de répondre. Euh... tu ne pourrais pas faire demi-tour.

Puis, en me montrant le prospectus sur les lamantins, il a ajouté :

— Tu sais, je ne voulais pas te critiquer : je t'admire d'avoir un idéal... Avant, même moi j'avais des projets.

Il a laissé échapper un petit rire désabusé.

— Tu devrais passer à l'association un de ces jours, ai-je proposé.

— Les réunions, c'est pas mon truc.

— Tu as déjà dit ça à propos des chevaux, et pourtant tu as monté Snickers !

— C'est que je n'avais pas le choix ! s'est-il défendu.

Comme il fixait la photo du placide animal d'un air perplexe, je l'ai questionné :

— Qu'est ce qui te chagrine, Sam ?

— Je me disais que, en revanche, une fois – si tu as le temps, bien sûr –, tu pourrais me montrer un vrai lamantin. Les pauvres, ils sont peut-être mieux au naturel qu'en photo !

— Oui, ce serait chouette, me suis-je enthousiasmée.

Sam a eu un moment d'hésitation. Il a lancé un bref coup d'œil vers le mobile home, les dents serrées et les sourcils froncés. J'en ai déduit qu'il regrettait déjà de m'avoir proposé cette sortie écolo.

Justement, il s'est repris :

— Je ne sais pas si c'est une bonne idée, finalement.

Génial ! je venais de battre le record de l'histoire d'amour la plus courte du monde. À peine commencée aussitôt terminée, en moins de cinq minutes chrono !

— Bon, je dois y aller, ai-je marmonné.

— Et puis zut ! Je devrais pouvoir me débrouiller... alors, on va voir les lamantins le week-end prochain, d'accord ?

— Ce week-end ? ai-je répété, incrédule.

Nouveau record de vitesse, pour raccommodage de couple cette fois-ci !

— Oui, à moins qu'ils aient besoin de moi au garage, ou que j'aie un imprévu, a-t-il précisé. Bon, merci encore de m'avoir pris en stop, Al.

Il est sorti de la voiture en m'adressant un sourire reconnaissant. Puis il s'est penché à ma fenêtre pour me demander :

— Au fait, tu as des nouvelles d'Isa ?

— Elle se fait opérer après-demain. Je suis sûre qu'elle va bien s'en sortir. J'aimerais pouvoir faire quelque chose pour l'aider.

J'espérais qu'il allait renchérir en me disant que tout allait bien se passer, que je n'avais pas à m'inquiéter. Mais, en commençant à s'éloigner sur le sentier boueux, il s'est contenté de me lancer pardessus son épaule :

— Bah ! Tu fais ce que tu peux.

Je l'ai regardé zigzaguer entre les flaques. Je ne savais plus où j'en étais. Que venait-il de se passer exactement ? Sam avait envie qu'on prévoie une sortie ensemble, mais il hésitait encore. Il me trouvait belle, cependant il m'avait traitée de « drôle de spécimen ». En fait, peut-être qu'il souhaitait juste voir un lamantin en chair et en os et qu'il se fichait pas mal de moi.

Alors que je commençais ma marche arrière dans l'allée, Sam s'était agenouillé près de la Cadillac rouge, comme pour discuter avec un conducteur fantôme. Il a ouvert la portière. J'ai manœuvré tout en continuant à observer la scène, l'air de rien. J'étais curieuse de voir qui allait sortir de ce vieux tacot.

C'est un vieil homme frêle et voûté qui s'en est extirpé à grand peine en s'appuyant sur Sam. Puis ils se sont dirigés tout doucement vers le mobile home. Avec sa couronne de cheveux blanc argenté emmêlés, le vieillard ressemblait à Einstein au saut du lit. Et j'ai dû rêver, mais j'ai cru apercevoir un perroquet vert et jaune perché sur son épaule.

Sur le seuil de la caravane, Sam s'est retourné et a grimacé en constatant que je n'étais pas encore partie. Puis la porte s'est refermée sur cet étrange trio.

Le lundi, nous n'avions pas cours car nos professeurs étaient en stage. J'ai passé toute la journée dans ma chambre à observer les aiguilles de mon réveil tourner. Isa avait dû entrer au bloc chirurgical le matin à huit heures. À deux heures de l'après-midi, je bouillais déjà d'impatience. Elle m'avait prévenue que l'opération durerait longtemps, mais je m'inquiétais tout de même de ne pas avoir de nouvelles.

Vers trois heures, Sarah a entrebâillé la porte de ma chambre :

— Coucou Al ! Tu sais, peut-être que la mère d'Isa a oublié de te téléphoner, tu devrais lui passer un coup de fil.

J'ai fait la moue. Je n'avais pas envie d'appeler ses parents pour apprendre un malheur. Je n'en avais pas le courage.

— Tu veux venir tirer quelques paniers avec moi alors ?

— Non merci, Sarah.

Ma petite sœur s'est appuyée au chambranle de la porte en se mordillant les lèvres d'un air anxieux. Sarah adorait Isa car elle la traitait comme une adulte miniature et non comme un bébé.

— Tu veux que j'appelle Rosa ? a-t-elle proposé.

— On attend encore une demi-heure, et puis on verra, d'accord ?

Sarah a eu un instant d'hésitation, puis a murmuré :

— Al, est-ce que tu as… tu sais… prié ?

— C'est-à-dire… on peut seulement prier si on croit en un dieu, Sarah. Et dans notre famille, ce n'est pas le cas.

— Mmm, tu as raison, a admis Sarah en fronçant les sourcils. Mais ça aurait été bien de prier, pourtant.

— Est-ce que tu as pensé à Isa aujourd'hui ?

— Bien sûr, toute la journée. Et pratiquement toute la nuit dernière !

— C'est déjà très bien.

Elle est restée avec moi quelque temps, comme si elle avait oublié qu'elle me détestait. Puis finalement elle s'est lassée et est sortie en annonçant :

— Je vais jouer au basket dehors.

— D'accord, je te préviens s'il y a du nouveau.

Cinq minutes plus tard, le téléphone a sonné. J'ai décroché en tremblant. C'était Rosa.

Elle a bredouillé d'une voix entrecoupée de sanglots :

— La... la tumeur était trop... trop importante... ils n'ont pas pu tout retirer, c'était trop risqué... surtout, il ne faut rien dire à... à Isab...

Rosa a fondu en larmes.

— Quoi ? Qu'est ce qu'on ne doit pas lui dire ?

— Nous avons décidé de ne pas lui annoncer... qu'elle est condamnée, Alison. Tu vois... pour qu'elle vive ses derniers jours heureuse, a-t-elle réussi à articuler.

Je l'ai remerciée de m'avoir prévenue et j'ai reposé le combiné machinalement, le souffle coupé par ce que je venais d'apprendre.

« Cette décharge électrique dans le cœur, c'est ce qu'on ressent quand on risque de mourir. »

5

Isa n'avait pas le droit de recevoir de visite. Elle est restée à l'unité de soins intensifs pendant une semaine, et même ensuite, quand elle est passée dans une chambre normale, sa mère pensait que de voir du monde la fatiguerait trop. J'ai réuni tous ses amis et nous lui avons envoyé une grande carte pleine de petits mots pour lui souhaiter un bon rétablissement.

Une semaine après l'opération, sa mère m'a laissée lui parler au téléphone de temps en temps. Isa était assommée par les médicaments ; du coup, je ne savais pas quoi lui dire, comme si la ligne était brouillée et que mon amie risquait de ne pas me comprendre.

J'ai soigneusement évité de mentionner Sam. De toute façon, il n'y avait pas grand-chose à raconter. Depuis la fois où je l'avais pris en auto-stop et où nous avions plus ou moins projeté d'aller voir les lamantins ensemble, les semaines avaient passé. Sam séchait les cours pratiquement un jour sur deux. Je ne comprenais pas que le proviseur ne l'ait pas déjà renvoyé.

Lorsque je le croisais, nous échangions un sourire timide ou nous lancions un bref « Salut, ça va ? », et c'était tout. Je me demandais si je n'avais pas rêvé : est-ce qu'il m'avait vraiment dit que j'étais belle ? Est-ce qu'il avait vraiment parlé de m'accompagner voir les lamantins ?

La première semaine, j'avais pris mon courage à deux mains et j'étais allée lui demander si notre petite expédition tenait toujours. Il avait prétendu qu'il ne pouvait pas ce week-end là, qu'il avait plein de choses à faire, le travail et tout… et, l'air gêné, il m'avait assuré qu'il était vraiment désolé, que ce serait pour une autre fois.

Normalement, j'aurais ruminé ma déception pendant des mois en me demandant pourquoi donc il ne voulait plus de moi. Mais avec ma meilleure amie au bord de la mort, mes petites histoires de cœur me semblaient bien peu de chose.

Par un beau samedi après-midi, juste trois semaines après l'épisode de l'auto-stop, j'étais en train de panser Snickers dans son box quand j'ai entendu un bruit de pétarade, comme une tondeuse à gazon enrayée.

Sarah est accourue en criant :

— Al, miracle : il y a un garçon qui te demande !

Posant mon étrille, j'ai essuyé la sueur qui perlait à mon front et j'ai bredouillé :

— C'est S… Sam ?

Sarah a hoché la tête et m'a demandé, l'air incrédule :

— Est-ce que… euh, vous sortez ensemble ?

— Pas à ce que je sache ! Bon, qu'est-ce que tu lui as dit ?

— Que tu allais consulter ton agenda surbooké pour voir si tu pouvais lui accorder quelques minutes. Et conseil d'ami : tu devrais changer de parfum, l'odeur de crottin de cheval, ce n'est pas terrible pour sortir avec un garçon !

Flûte, elle a raison, la peste ! Il faut que j'aille me changer ! ai-je pensé. Je venais de nettoyer le box de Snickers. Je portais mon pantalon de cheval plein de foin, des boots crottées et un vieux débardeur détendu.

Mais avant que j'aie eu le temps de me décider, Sam est arrivé, portant un vieux jean et un tee-shirt maculés de cambouis. Il n'était pas vraiment non plus sur son trente et un !

— Salut, m'a-t-il lancé en s'accoudant à la porte du box. Ça y est, ma moto est réparée et… eh bien ! je voulais juste te le dire.

— Je suis contente pour toi. Mais comment as-tu eu mon adresse ?

— Dans l'annuaire.

J'ai essayé de lui sourire, en pensant : *Mais que vient-il faire ici après tout ce temps ? Qu'est-ce qu'il me veut ?*

— Tu m'emmènes faire un tour sur ta Harley ? a demandé Sarah.

— Maman sera ravie quand l'hôpital la préviendra que tu as eu un accident de moto ! ai-je ironisé.

Sam a incliné la tête, l'air peiné, et s'est défendu :

— Mais je conduis bien, Alison !

— Ah oui ? J'ai vu ça dans le verger !

— C'était pas de veine, c'est tout !

— Alors, c'est d'accord ? l'a pressé Sarah.

J'ai dévisagé Sam. Il me défiait du regard, les bras croisés.

— Je croyais que nous devions aller voir les lamantins, ai-je insinué en m'acharnant à démêler la crinière de Snickers.

— Je t'ai dit que j'étais désolé, je n'ai vraiment pas pu me libérer, s'est-il excusé.

— Et on peut savoir ce qui t'a retenu ?

— C'est personnel. J'avais... des... des obligations familiales.

En me remémorant toutes les rumeurs qui couraient sur son compte, je me suis imaginé une réunion de famille à l'italienne, enfumée, avec des oncles mafiosi sanglés dans des costumes sombres, comme dans le film *le Parrain*.

Puis je me suis rappelée le vieil homme que j'avais entraperçu, avec son perroquet vert et jaune perché sur l'épaule.

— Bon, je t'emmène faire un tour, Alison. Juste une petite heure, a-t-il proposé.

— Ce n'est pas tous les jours qu'un prince charmant veut t'enlever sur sa Harley. Tu devrais y aller, a remarqué Sarah.

— Je… je dois prendre une douche d'abord, ai-je bafouillé, sans lever les yeux de la crinière de Snickers.

— Je sors du boulot, je suis plein de cambouis. Toi, tu es pleine de foin. Comme ça on est à égalité, a-t-il plaisanté.

— Joli couple ! a commenté Sarah.

J'ai enfin osé lever les yeux vers Sam.

— Bon, je veux bien, mais on met tous les deux un casque alors.

— OK, pas de problème.

J'ai refermé le box.

— Sarah, tu diras à papa et maman que je suis à la biblio avec Gaëlle. Et si Isa appelle, dis-lui la même chose, d'accord ?

— Pourquoi je devrais mentir à ta meilleure amie ? s'est-elle étonnée.

— Eh ! je n'ai pas à te raconter ma vie, miss.

Obéis, et je te prêterai mes rollers, OK?

— Ça roule.

— Tiens, justement, comment va Isa? s'est enquis Sam.

— Ils lui font de la radiothérapie et quelques examens complémentaires, mais elle revient mardi.

Je ne lui ai pas confié que l'opération n'avait rien donné. J'avais seulement mis mes parents au courant.

Je suis montée derrière lui sur la Harley et je me suis accrochée à sa taille. J'étais un peu embêtée de laisser Sarah en plan, car je crois qu'elle mourait d'envie d'essayer la moto elle aussi. Mais je n'ai rien osé dire, et Sam a démarré.

Nous avons roulé longtemps, à toute vitesse. C'était grisant de sentir le vent fouetter mon visage, faire voler mes cheveux. J'ai fermé les yeux et j'ai appuyé ma joue contre le dos de Sam. Soudain, les images de son accident dans le verger me sont revenues en mémoire.

On pourrait être tués tous les deux, juste maintenant, pensais-je. *Le pneu pourrait éclater à nouveau et on s'écraserait contre un arbre. On serait réduits en bouillie...*

J'avais confiance en Sam, mais je venais de réaliser que je pouvais mourir à tout instant... en dérapant à moto ou en tombant de cheval...

Et ce qui était sûr, c'est qu'Isa allait mourir bientôt.

Les médecins n'avaient laissé aucun espoir.

Dans un virage un peu sec, la moto s'est inclinée dangereusement. C'était comme sur un grand huit, sauf que là nous risquions notre vie. Cette décharge électrique dans le cœur, c'est ce qu'on ressent quand on risque de mourir. C'est ce que devait éprouver Isa.

J'ai essayé de retenir cette sensation, mais elle s'est atténuée. Je n'avais plus peur ; au contraire, ivre de vitesse, je me sentais légère, libre, prête à m'envoler. J'avais l'impression que, serrée contre Sam, je ne craignais rien.

J'ai indiqué à Sam la route d'une crique où vivent des lamantins. Il a garé sa moto et nous nous sommes installés en haut d'une petite falaise surplombant l'océan.

— Les lamantins viennent manger les algues qui poussent sur ces rochers, en bas, ai-je expliqué. Ouvre l'œil et tu verras leurs têtes surgir des vagues. L'autre jour, j'ai aperçu une mère et son petit.

Sam a hoché la tête en fixant l'horizon.

— Il y a beaucoup de bateaux à cette heure-ci, il vaut mieux venir tôt le matin. Alors, ne sois pas déçu si on n'en voit pas aujourd'hui, OK? ai-je ajouté.

— Les hors-bord sont dangereux pour eux, non ?

— Oui, le mois dernier, on a conduit deux petits lamantins orphelins à Seaworld, le grand centre marin. Mais l'un deux n'a pas supporté d'être séparé de sa mère, il n'a pas survécu. C'est horrible ! Les fous qui conduisent ces engins de la mort ne font même pas attention, ils s'en fichent ! Euh... désolée, je me suis laissée emporter, me suis-je excusée, réalisant que je lui hurlais dans les oreilles alors qu'il n'y était pour rien.

— Ce n'est pas grave, je t'admire de prendre cela tant à cœur.

— Tu te moques de moi ?

— Non, je suis on ne peut plus sérieux...

Il s'est interrompu et a tendu le bras vers l'océan.

— J'ai vu quelque chose bouger !

— Non, je ne crois pas... c'est juste une vieille bouteille ! Qu'est-ce que tu disais ?

Il m'a souri d'un air grave.

— J'admire les gens comme toi. Les gens qui s'engagent pour une grande cause, qui vont au bout de leurs idéaux. Qui savent ce qu'ils veulent.

— Pourquoi ? Tu ne sais pas ce que tu veux, toi ?

— Bah... je prévois juste les choses au jour le jour. Tu sais, le boulot, ma moto... et puis te voir, Alison.

Il a ôté ses lunettes de soleil et m'a regardée tendrement. Un peu gênée, je me suis allongée sur le dos et j'ai fermé les yeux.

— Et qu'est-ce que tu veux faire dans la vie? ai-je finalement demandé, rompant un long silence.

— Tu veux dire plus tard, après le lycée?

— Oui, dans trois, cinq, dix ans?

— Je ne pense pas si loin. Peut-être que je ne serai même plus en vie, alors...

— Mais, ce n'est pas possible! Tu n'as pas de passions, de projets, de rêves?

J'ai ouvert les yeux, Sam arborait une moue perplexe.

— Bon, ai-je repris, tu es bien doué pour quelque chose quand même! Qu'est-ce que tu réussis le mieux?

— Je ne suis bon à rien.

— Arrête, Sam! Tu es peut-être un supermotard ou un bon mécano...

Sam a réfléchi un instant, les yeux dans le vague, puis a finalement répondu, hésitant :

— Disons que j'aime prendre soin des gens.

— Mmm, mais tu ne prends pas soin de toi. Tu fumes, tu ne portes pas de casque à moto, tu sèches les cours! C'est complètement idiot. Tu veux gâcher ta vie ou c'est juste pour avoir l'air cool avec ta grosse Harley? me suis-je à nouveau emportée.

L'émotion qui faisait vibrer ma voix a paru le surprendre.

— Je n'y ai jamais réfléchi. Si j'ai une Harley, c'est parce que je n'ai pas pu me payer une Ferrari. Quant au casque et à la cigarette, ce sont juste de mauvaises habitudes, a-t-il soupiré.

— Alors pourquoi tu continues ?

— Je n'ai pas de raison d'arrêter.

— Si, voilà une bonne raison : je te le demande.

Avec un large sourire, il a répondu :

— Ah, si c'est toi qui me le demandes, alors d'accord.

— Mais il faudrait que tu le fasses pour toi également.

— Ouh là, c'est trop me demander !

Réalisant qu'il se moquait encore de moi, j'ai arraché rageusement une touffe d'herbe.

— Tu es exaspérant, Sam ! Tu pourrais au moins arrêter de sécher les cours.

— Impossible, désolé.

— Pourquoi ?

— Hé ! Je crois que j'en vois un ! Oui, une espèce de limace géante qui nage !

— Ne change pas de sujet, s'il te plaît.

— Mais, c'est vrai ! J'ai aperçu un lamantin. Il ressemblait à Casimir en combinaison de plongée. C'est vraiment laid, pourquoi vouloir les sauver ? a-t-il plaisanté.

— Parce que l'homme n'a pas le droit de sacrifier bêtement les autres espèces vivantes !

— Mais, et si ça ne marche pas, si la race s'éteint malgré tes efforts ?

— Eh bien ! au moins j'aurais essayé d'agir pour protéger la planète !

— D'accord, tu as raison, je comprends.

J'ai été surprise qu'il me prenne doucement la main. Nous sommes restés assis main dans la main longtemps, les yeux rivés à l'horizon, sans oser se regarder. Le soleil déclinait lentement, l'océan était calme, sans une ride, mais je sentais une vague de bonheur submerger mon cœur.

« Tu n'as pas peur que je t'entraîne sur la mauvaise pente et que je t'enlève pour fuir au Mexique ? »

6

Au bout d'un moment, nous avons repris la moto et roulé jusqu'à une station service car Sam devait passer un coup de fil.

Je suis restée à l'extérieur de la cabine tandis qu'il composait le numéro. Il s'est retourné pour éviter mon regard. J'essayais d'entendre ce qu'il disait. J'ai saisi quelques mots : « Morgan... », « police... ». Sam semblait tendu. Avant de raccrocher, il a conclu nerveusement : « J'arrive tout de suite. Merci. »

La police ? D'un seul coup, toutes les rumeurs sur Sam me sont revenues en mémoire. En fait, je ne savais toujours pas grand-chose de ce garçon dont j'étais en train de tomber amoureuse.

Sam est ressorti de la cabine, l'air anxieux.

— J'ai un problème. Il faut que je te ramène chez toi.

— Qu'est-ce qui t'arrive ?

— Rien, a-t-il répondu évasivement en mettant son casque.

— Tu dois rentrer d'urgence pour rien ? ai-je insisté.

— C'est personnel, Alison.

— Mais si tu me disais ce qui se passe, je pourrais peut-être t'aider.

— Ce ne sont pas tes affaires, je te dis.

Je ne pouvais rien en tirer. Il se murait obstinément dans le silence.

— Très bien. Laisse tomber, raccompagne-moi.

Il est monté sur la moto et a démarré rageusement. Enfin, de toute façon, les Harley démarrent toujours en pétaradant furieusement.

Je lui ai tapoté l'épaule et j'ai demandé en hurlant :

— C'est vrai que tu as volé des Pump-Air ?

Sam a freiné brusquement et s'est retourné vers moi, les yeux écarquillés.

— Qu'est-ce que c'est que ça, des Pump-machin ?

— Des baskets superperfectionnées... Mais pour en voler, il faut savoir ce que c'est. Alors ton secret, c'est que tu fais partie du programme de protection des témoins, hein ? Ton père est un caïd de la drogue et tu as peur des représailles car tu as témoigné contre lui.

Sous le casque, j'ai vu son visage s'éclairer d'un large sourire.

— Qu'est-ce que tu racontes, Alison ?

— Eh bien… hum, c'est… c'est ce que j'ai entendu dire au lycée.

— Et malgré ces histoires, tu te risques à sortir avec moi ? Tu n'as pas peur que je t'entraîne sur la mauvaise pente ? Que je te fasse complice d'un hold-up et que je t'enlève pour fuir au Mexique ?

— Mais non, ai-je balbutié en rougissant. Je… je ne crois pas toutes ces sornettes. Je suis sûre que tu es quelqu'un de bien.

— Et qu'est-ce qui te fait penser ça ?

— Eh bien… tu as embrassé ma jument et tu as un petit paquet de mouchoirs dans la poche de ton blouson, ai-je avoué en rougissant.

Il me fixait, les yeux ronds de surprise, en secouant la tête lentement.

— Tu es vraiment un drôle de spécimen, Alison. Sympa, mais un peu bizarre !

Il a redémarré la moto et s'est retourné pour me dire, d'un ton hésitant :

— Viens, j'aimerais te présenter quelqu'un.

Tandis que nous remontions le chemin de terre qui menait au mobile home de Sam, j'ai aperçu le vieil homme, assis au volant de la Cadillac rouge.

Comme la capote était baissée, j'ai pu voir le perroquet perché sur son épaule et deux grands caniches blancs qui se partageaient le siège du passager.

— Ah, te voilà, Sam ! s'est écriée une vieille dame en sortant du mobile home pour venir à notre rencontre.

Sam a garé la moto et l'a prise à part.

Ils parlaient à voix basse, mais j'ai de nouveau saisi le mot « police ». Pendant ce temps, le vieil homme faisait mine de conduire la Cadillac, tournant le volant comme un capitaine à la barre de son voilier. Comme un hennissement poussif se faisait entendre, j'ai remarqué une vieille jument édentée qui broutait paisiblement à côté du mobile home.

Tandis que Sam continuait à discuter, je me suis décidée à descendre de moto et à ôter mon casque.

— Jolie cocotte ! s'est écrié quelqu'un avec un sifflement admiratif.

C'était une voix grinçante mais je n'aurais pu dire si c'était celle d'un homme ou d'une femme.

— Je vous prends en stop, demoiselle ?

Cette fois, c'était le vieil homme qui m'interpellait. Sans trop savoir comment réagir, je me suis doucement approchée de la Cadillac. Le vieux monsieur paraissait tout frêle, éreinté, et ses yeux d'un bleu jean délavé étaient soulignés de larges cernes noirs. Il portait une casquette de cuir élimée, un nœud papillon rouge et une surchemise écossaise trop grande pour lui. Son visage ridé s'est éclairé quand je me suis penchée vers lui.

— Jolie cocotte !

J'ai réalisé que le compliment venait du perroquet perché sur son épaule.

— Où allez-vous? m'a questionnée le vieil homme.

— Euh... j'habite vers... euh... ai-je bafouillé.

— Je peux vous déposer à Las Vegas. Nord et Sud, faites de la place à la demoiselle, a-t-il ordonné en claquant des doigts.

Aussitôt les deux caniches ont bondi sur la banquette arrière où étaient déjà installés deux adorables petits yorkshires coiffés de minuscules chapeaux de paille.

J'ai jeté un coup d'œil en direction de Sam. Il serrait la main de la vieille dame. Il a croisé mon regard et m'a fait signe qu'il n'en avait plus pour longtemps.

— En route pour Las Vegas! On va jouer à la roulette : rien ne va plus, les jeux sont faits!

Comme je m'installais dans la voiture, le perroquet s'est égosillé :

— Jolie cocotte! Bisou! Bisou!

— Sam? ai-je appelé, un peu dépassée par les événements.

Le vieil homme enfonçait la pédale d'accélérateur d'un air résolu alors qu'il n'avait pas la clef de contact pour démarrer la voiture.

— Accroche-toi, ma petite. On va voir ce que cette Cadillac a dans le ventre!

Juste à ce moment, Sam est arrivé et j'ai soupiré de soulagement.

— Morgan, je te présente Alison. Alison, voici Morgan, mon grand-père.

Sans paraître l'entendre, Morgan continuait à conduire. Sam a empoigné le volant.

— Morgan, Jane m'a raconté ce qui s'est passé cet après-midi. Tu as roulé sept-huit kilomètres dans cette vieille guimbarde.

— Oui, s'est enthousiasmé le vieil homme, j'ai réussi à la monter à soixante-dix kilomètres-heure !

— Malheureusement, tu roulais en sens interdit ! J'avais pourtant caché les clefs pour que tu ne recommences pas tes petites escapades. C'est dangereux, Morgan. Maintenant je garderai toujours les clefs sur moi.

Sam a ouvert la porte de la voiture et a proposé :

— Allez venez, on va se faire un petit goûter, d'accord ?

Morgan s'est tourné vers moi et, avec un large sourire, il m'a demandé :

— Tu es sa petite amie ?

— Euh… eh bien, pas vraiment…

— Ça serait bien, ce gosse est toujours tout seul ! Tu l'as embrassée au moins, Sam ?

— Bisou ! Bisou ! a renchéri le perroquet.

— Tais-toi, Cha-cha, a ordonné Sam.

— Je m'y connais, foi de Morgan, elle est jolie.

— Jolie co...

— Chut, Cha-cha ! l'a coupé Sam. Sinon on mangera du perroquet rôti ce soir.

Sans perdre le fil de son idée, le vieil homme a suggéré :

— Il faudrait que tu l'emmènes danser, Sam.

— Il faudrait surtout que tu sortes de cette voiture et que tu me promettes de ne plus conduire ce vieux tacot pourri !

— Surveille ton langage devant la demoiselle, Sam ! l'a repris son grand-père. Invite-la plutôt !

— Bon, Alison, a-t-il commencé en rosissant légèrement, je t'emmènerai danser un jour... je ne sais pas quand.

— Avec plaisir, Sam, ai-je répondu timidement.

Alors seulement, Morgan a consenti à sortir de la voiture. Il l'a contournée à petits pas pour venir m'ouvrir la portière, puis il m'a aidée à me lever et m'a fait un baisemain.

Sam lui a pris le bras et, en l'entraînant vers le mobile home, il lui a expliqué :

— Je vais raccompagner Alison chez elle, Morgan.

Ils sont entrés à l'intérieur, les quatre chiens trottinant à leur suite.

J'ai attendu que Sam ressorte quelques instants plus tard, l'air soulagé.

— Alors, mon secret n'a rien à voir avec les Pump-machin, hein ? a-t-il plaisanté.

— C'est vraiment ton grand-père ? Mais où est le reste de la famille ?

— Ils sont restés à Détroit pendant que je venais m'occuper de lui un moment. J'aurais dû te prévenir qu'il était un peu spécial, s'est-il excusé avec un sourire.

— Il est sympa. C'est la première fois qu'on me fait un baisemain, et qu'on m'appelle « cocotte », d'ailleurs.

— Il a des hauts et des bas. Enfin, aujourd'hui, il était à peu près lucide.

Ouh là ! Qu'est-ce que ça doit être quand il ne va pas bien ! ai-je pensé, mais j'ai juste demandé :

— C'est à cause de lui que tu sèches le lycée parfois ?

— Oui, je manque les cours pour le surveiller ou pour bosser au garage.

Et, en haussant les épaules, il a ajouté :

— Désolé pour cette histoire de dancing.

— Ne t'inquiète pas. Tu t'es bien débrouillé.

Il a eu un temps d'hésitation avant de reprendre :

— J'ai vu des affiches avec des cœurs pour une soirée…

— Oui, c'est pour la Saint-Valentin...

— De toute façon, je ne sais pas danser. Mais... enfin, si tu n'as rien de prévu et que tu en as envie... on pourrait peut-être y aller. Pour se moquer des autres qui se dandinent comme des canards.

Avant de répondre, j'ai tourné la tête vers le mobile home. Morgan était à la fenêtre, son perroquet sur l'épaule.

— Oui, ce serait chouette, ai-je finalement osé, d'une voix mal assurée.

— Alors, c'est d'accord, a-t-il chuchoté en me prenant la main.

Les yeux brillants, il m'a enlacée. Dans le lointain, la voix de Cha-cha résonnait :

— Bisou ! Bisou !

Et nous nous sommes embrassés.

Le soir, j'ai appelé Isa. Elle était impatiente de revenir pour reprendre les cours. Les médecins lui avaient conseillé de ne pas trop se fatiguer, mais elle en avait assez d'être convalescente. Je lui ai promis que dès son retour nous irions faire les boutiques pour lui acheter plein de foulards et de bandanas sympas.

Durant toute la conversation, je me disais qu'il fallait que je lui parle de Sam car elle était ma meilleure amie, mais je n'y arrivais pas.

Je n'étais sortie qu'avec deux garçons avant

Sam. Une fois au cours d'une soirée d'anniversaire chez une amie : bisou baveux avec haleine mentholée au dentifrice. Et l'autre en camp de vacances : bisou poisseux au goût de Malabar.

Mais cette fois-ci, c'était un vrai baiser. Le seul qui comptait vraiment. À chaque fois que j'y repensais, mon cœur jouait à la balançoire dans ma poitrine.

Ça a l'air affreux comme sensation, mais en fait c'était agréable.

Il faudrait que je raconte ça à Isa, me répétais-je tandis que nous continuions à discuter des feuilletons idiots qu'elle regardait pour passer le temps dans sa chambre d'hôtel.

J'aurais bien sûr dû lui en parler dès le début. J'aurais dû lui dire : « Isa, Sam et moi, nous avons eu le coup de foudre, l'autre jour dans le verger. » Pourtant je n'avais pas osé pour ne pas risquer de lui faire de la peine.

Et je savais bien que plus j'attendrais, plus ce serait dur à avouer.

Pendant qu'elle me racontait sa rencontre avec un militaire qui trouvait du charme aux filles rasées, j'ai entendu toquer doucement à ma fenêtre. J'ai relevé le store et j'ai découvert Sam, juste éclairé par un rayon de lune. Il avait dû couper le moteur de sa moto et traverser la pelouse sur la pointe des pieds pour ne pas se faire remarquer.

Je lui ai souri sans interrompre Isa :

— D'accord, ce soldat aime bien les filles chauves, mais moi je n'aime pas les hommes en uniforme : dommage, non ?

J'ai ri tout en ouvrant silencieusement ma fenêtre. Une bouffée d'air nocturne, chaud et sucré, est entrée dans ma chambre. Sam m'a pris la main.

— Quel idiot, ce type ! Tu as raison, Isa, me suis-je exclamée au téléphone.

— Salut, a chuchoté Sam.

— Bonsoir, ai-je répondu dans un murmure.

— Je voulais juste passer te dire bonne nuit.

Il m'a serrée dans ses bras, puis est reparti vers sa moto.

— Ah ! je me demande si un jour je trouverai le garçon qu'il me faut, a soupiré Isa. Surtout maintenant, avec ma nouvelle coupe !

— J'en suis sûre. Nous trouverons toutes les deux le prince charmant, ai-je assuré en regardant Sam se fondre dans la nuit.

« J'ai fermé les yeux.
Ce devait être un
cauchemar.
Pourquoi Sam
avait-il fait cela ? »

7

J'avais décidé d'organiser une petite fête pour le retour d'Isa. Une toute petite fête, car sa tante Rosa ne voulait pas qu'on la fatigue trop.

Comme Isa devait arriver mardi dans l'après-midi, avec tous ses amis, nous sommes allés décorer son appartement de fleurs et de ballons. J'avais invité Sam ; il devait essayer de s'arranger pour que sa voisine vienne s'occuper de Morgan. Je pensais qu'ainsi je pourrais introduire le sujet sans brusquer mon amie : « Tiens, Isa, tu te souviens de Sam ? Eh bien, on a sympathisé… »

En attendant qu'Isa arrive, quelqu'un a mis un CD de Bob Marley pour tromper notre inquiétude. Nous nous demandions tous comment nous allions pouvoir lui montrer notre soutien sans la blesser. Rosa arpentait nerveusement le salon. Elle vivait dans le même immeuble qu'Isa et ses parents, et travaillait comme directrice d'une maison de retraite.

— C'est joli ces ballons accrochés partout, vous ne trouvez pas, Rosa? lui a demandé Gaëlle.

Isa l'avait connue à l'époque où elle jouait au basket, mais depuis, Isa avait arrêté le sport pour se consacrer entièrement à ses études.

— Mmm, ravissant, a approuvé Rosa, à moitié convaincue.

— Allez, on met tous un chapeau en papier, a ordonné Carla, une autre copine de basket qui mesurait presque deux mètres.

Steve, qui partageait la paillasse d'Isa en physique, était monté sur le tabouret du piano pour accrocher une guirlande de papier crépon. Comme Carla lui tendait un chapeau pointu doré, il a proposé :

— Et si je me rasais la tête par solidarité avec Isa?

— N'importe quoi! Elle trouverait ça vraiment débile! ai-je répliqué.

— Oh oui! a renchéri Gaëlle, quand on va lui raconter, elle va mourir de ri…

Elle s'est interrompue, rouge comme une pivoine.

— Ne t'inquiète pas, Gaëlle, l'ai-je rassurée, on risque tous de faire des gaffes. Mais tu connais Isa, elle ne nous en voudra pas.

— Oh là là! J'ai tellement peur de ne pas savoir quoi lui dire. Pourtant j'aimerais qu'elle sache qu'elle peut compter sur nous, a soupiré Carla.

— Alors il faut qu'on reste naturels, ai-je conseillé en allant voir qui venait de sonner à la porte.

À ma grande surprise, je me suis retrouvée nez à nez avec Sam. Il portait son casque sous le bras et un bouquet de marguerites à la main.

— Je les ai cueillies pour Isa, a-t-il expliqué.

— Entre donc, l'ai-je encouragé en le débarrassant des fleurs.

Je l'ai entraîné vers le salon et je l'ai présenté à mes amis, rosissant légèrement malgré moi :

— Vous avez déjà rencontré Sam? Il est en première S 1.

Silence de surprise. Tous les regards se sont tournés vers nous. J'ai remarqué des mimiques d'étonnement, et même quelques grimaces. Sans me laisser perturber, j'ai continué :

— Voici Carla, Steve et Gaëlle… bon, tu feras connaissance avec les autres au fur et à mesure. Je vous laisse, je vais mettre les fleurs dans l'eau.

Et je me suis éclipsée dans la cuisine. Gaëlle m'a emboîté le pas.

— Tu es copine avec ce type?

— Oui… enfin, disons qu'on a discuté ensemble deux ou trois fois… ai-je répondu évasivement.

— On m'a dit que c'était le demi-frère de Leonardo DiCaprio…

— Ah, moi je croyais que c'était le fils de Mick Jagger !

— En tout cas, il est mignon... Il est même craquant. Vous sortez ensemble ?

— Ça, c'est top secret... Quelle question ! Bien sûr que non, ai-je menti en arrangeant d'un air détaché les marguerites dans un vase.

Isa était ma meilleure amie, et j'aurais eu l'impression de la trahir si je m'étais confiée à Gaëlle. En plus, elle risquait de le lui répéter et cela créerait des histoires. Je voulais qu'Isa ait toujours confiance en moi, je voulais que rien ne change entre nous... mais j'avais bien l'impression que rien ne serait plus comme avant.

Nous avons entendu du remue-ménage dans l'entrée. Miguel, le père d'Isa, est entré en premier, encombré d'une énorme valise et d'un superbe chat en peluche. Lauren suivait, escortant sa fille jusqu'au salon.

— Salut Rosa ! s'est écriée Isa en embrassant sa tante. Waouh ! Quel accueil triomphal, tout le monde m'attendait, on dirait !

— Isabella, ma chérie, a soupiré Rosa avant d'éclater en sanglots.

Nous dévisagions tous notre amie discrètement. C'était bien la même Isa, pourtant elle avait quelque chose de changé. Elle portait un bandana bleu joliment noué façon pirate, mais elle était affreusement pâle, avec de larges cernes noirs sous les yeux.

Isa a fait le tour de la pièce pour dire bonjour à chacun. Quand est venu mon tour, nous sommes tombées dans les bras l'une de l'autre, riant et pleurant à la fois.

— Regarde, voilà de quoi te remettre de tes émotions, ai-je annoncé en montrant le buffet.

— Super, tu m'as préparé des cookies au chocolat avec ta recette spéciale Isa !

— Isabella, n'y va pas trop fort, l'a avertie sa mère. Tu n'a recommencé à manger qu'hier !

— Oui, et j'ai déjà avalé un paquet de pop-corn pour le déjeuner, miam !

En s'approchant du buffet, elle a remarqué la présence de Sam.

— Tiens, tiens… Qu'est-ce que tu fais là ?

— C'est Alison qui m'a invité, a-t-il expliqué, gêné. Euh… je t'ai apporté des fleurs. Elles sont dans la cuisine, je crois.

— Tu es adorable, Sam, l'a-t-elle remercié en prenant un cookie. Ne bouge pas, je reviens.

Et elle m'a entraînée dans la cuisine.

— Merci, Al, pour les cookies, la fête… et l'invité surprise.

— De rien. En fait…

Elle m'a interrompue brusquement :

— Allez, dis-moi franchement : de quoi j'ai l'air ?

— Tu es aussi jolie que d'habitude. Tu as juste un peu mauvaise mine.

— Je n'en peux plus d'avoir ma mère constamment sur le dos. Comme si j'allais tomber raide morte d'une minute à l'autre. Et maintenant Rosa va s'y mettre aussi !

— Ça va passer d'ici quelques jours. Tout va rentrer dans l'ordre.

Commençant à dénouer son bandana, elle a chuchoté :

— Tu veux voir en dessous ?

J'ai acquiescé à contrecœur car je sentais qu'elle en avait envie.

Je m'attendais à découvrir son crâne rasé, mais pas cette horrible cicatrice rouge sombre de part en part. C'est à cet instant que j'ai vraiment réalisé qu'Isa avait une tumeur au cerveau. Ce n'était plus juste des mots, mais du concret. J'avais sous les yeux la terrible réalité qu'elle devait affronter tous les matins face à son miroir.

— C'est moche, hein ? Désolée, je n'aurais pas dû te faire subir ça, s'est-elle excusée en rattachant son foulard.

— Non, ça va… tu ressembles à… Shaquille O'Neal, le joueur de basket, en fille !

Isa a éclaté de rire.

— Si tu savais comme tu m'as manqué, Al ! Je savais bien que pour toi je serais toujours Isa et pas « cette pauvre petite qui a le cancer » !

En admirant les marguerites, elle ajouté :

— Sam est adorable, non ?

— Mmm.

— Tu as bien fait de l'inviter. J'ai besoin de me changer les idées. J'avais pensé commencer une collection de timbres, mais finalement je vais peut-être plutôt collectionner les garçons... Est-ce que Sam t'a parlé de moi ?

— Euh... oui...

Je bafouillais, cherchant mes mots.

— C'est-à-dire que... il m'a demandé de tes nouvelles à plusieurs reprises, ai-je réussi à articuler.

Au moins, ça, c'était vrai.

— C'est un bon début s'il s'intéresse à mon crâne rasé ! À l'attaque !

Je l'ai regardée sortir de la cuisine précipitamment tandis que sa mère y entrait. Elle qui était si élégante d'habitude portait une robe bleu marine toute froissée et avait les cheveux en bataille. Elle m'a pressé la main affectueusement.

— Merci d'avoir organisé cette fête, Alison. Ça va lui remonter le moral.

— Elle a l'air plutôt en forme, ai-je assuré.

En se mordillant les lèvres d'un air anxieux, Lauren m'a entraînée à l'écart dans la chambre qu'elle occupait avec son mari. Après avoir soigneusement refermé la porte, elle a chuchoté :

— Isa ne s'est pas inquiétée du succès de l'opération, c'est bizarre, non? De toute façon, j'avais prévu de lui mentir, mais elle n'a rien demandé. Le médecin lui a annoncé que tout allait bien, qu'ils avaient fait au mieux, et elle s'est contentée de cette vague explication. J'étais soulagée, mais...

— ... c'est très surprenant de la part d'Isa.

— Exactement. Alison, nous allons prétendre que l'opération a réussi, ça vaut mieux, tu comprends?

— Oui, vous avez sans doute raison.

On a frappé doucement à la porte. C'était Miguel, le père d'Isa.

— Tu as expliqué notre décision à Alison?

Comme Lauren acquiesçait, il a continué :

— Nous voulons qu'elle soit heureuse pour le peu de temps qu'il lui reste à vivre. Je crois que c'est normal.

— Bien sûr que c'est normal, a répété Lauren nerveusement.

— Ça ne servirait à rien de lui dire la vérité, a renchéri Miguel.

— Mais si elle découvre ce qu'il en est vraiment? ai-je demandé. On ne pourra pas l'empêcher de mener ses recherches à la bibliothèque ou sur Internet. Peut-être même qu'elle se doute déjà de ce qui l'attend...

Lauren s'est essuyé les yeux. Elle s'est penchée vers moi en me prenant par les épaules. Ses ongles me faisaient presque mal. Je sentais son parfum, le N° 5 de Chanel qu'Isa lui chipait parfois.

— Elle n'en a plus que pour deux à trois mois, Alison, a-t-elle murmuré.

Elle m'a lâchée et s'est éloignée brusquement. Ses yeux brillaient mais elle n'avait plus de larmes pour pleurer.

Miguel a repris :

— Peut-être encore moins, les médecins n'en savent rien. La tumeur est déjà très développée. Pour si peu de temps, nous pouvons lui cacher la vérité et la rendre heureuse.

Nous sommes restés un moment silencieux à regarder l'océan par la grande baie vitrée de leur chambre. Des rires et des cris de joie s'élevaient du salon. Un vieux tube de reggae résonnait à travers l'appartement. Les parents d'Isa comptaient sur moi, mais ils se demandaient pourquoi la maladie s'était abattue sur leur fille et pas sur une autre… et pas sur moi.

— Je suis désolée, ai-je murmuré.

Le lendemain, Isa est revenue en cours. Petit à petit, nous nous sommes habitués à avoir une amie touchée par le cancer. En fait, c'est comme avoir une amie qui n'a pas le cancer. Ça ne change rien.

Le seul problème, c'était que je savais qu'elle était condamnée, et elle pas. Elle s'en doutait peut-être, cependant je n'osais pas aborder le sujet. Nous discutions souvent de sa maladie, de ses angoisses, mais jamais de la mort.

J'essayais de deviner ce qu'elle avait envie que je dise ou que je fasse, mais elle semblait juste vouloir qu'on la traite comme avant, normalement.

Je n'avais pas encore réussi à lui parler de Sam. J'avais essayé à plusieurs reprises, mais elle s'était tellement attachée à lui depuis la fête que je n'avais pas eu le cœur de la décevoir. Quelle importance qu'il m'ait embrassée ou que nous sortions ensemble pour la Saint-Valentin ? Mes petites histoires de cœur étaient bien peu de chose à côté de la tragédie que vivait Isa.

Le jeudi soir, il m'a téléphoné.

— Euh, je… je voulais savoir si c'était toujours d'accord pour samedi, s'est-il enquis timidement.

— Je crois que tu ne pourras pas te défiler. Je me suis déjà acheté une nouvelle robe !

— Bon, je… je suis content que tu n'aies pas changé d'avis, parce que Morgan t'avait plutôt forcé la main.

Je me suis allongée sur mon lit sans cesser de tortiller le fil du téléphone. J'essayais d'imaginer Sam à l'autre bout du fil. Sa voix douce me rappelait notre baiser, l'autre jour. J'aurais pu l'écouter toute la nuit.

— Comment va Morgan ? ai-je demandé.

— Il n'a pas la forme, la semaine a été agitée, mais je m'en sors bien. Jane, ma voisine, viendra le surveiller samedi soir. Voilà...

— Il faut que je raccroche, j'ai passé toute la soirée au téléphone avec Isa, ai-je expliqué. J'ai des fourmis dans la main à force !

— Elle a l'air de bien supporter ce qui lui arrive, a-t-il remarqué. Elle sort samedi soir ?

La gorge serrée, j'ai réussi à répondre :

— Non, pourtant ce serait bien. Je crois qu'elle est tellement belle qu'elle effraie les garçons.

— C'est dommage, elle est sympa.

Après un bref silence, j'ai répété :

— Il faut que je raccroche.

Mais je n'en avais aucune envie.

— Bonne nuit, a chuchoté Sam tendrement.

J'ai reposé le téléphone en soupirant. Nous ne pouvions plus cacher notre histoire à Isa. Il fallait que je lui en parle.

Le vendredi, j'avais décidé de tout raconter à Isa à l'heure du déjeuner, en abordant le sujet l'air de rien : « Au fait, Isa, tu ne vas pas me croire... Devine avec qui je sors pour la Saint-Valentin ? Avec Sam ! »

Ce jour-là, l'association des élèves vendait des bouquets d'œillets aux amoureux romantiques : des fleurs blanches pour l'amitié, roses pour la tendresse et rouges pour la passion. Filles et garçons les personnalisaient avec un petit mot, et l'association se chargeait de les livrer à leur destinataire.

— Je déteste la Saint-Valentin : c'est une fête purement commerciale pour remplir les poches des fleuristes ! bougonnait Isa comme nous nous installions dans la cafétéria. Mais pourquoi est-ce qu'on ne m'envoie jamais rien ?

— Parce qu'on sait bien que tu détestes cette fête purement commerciale ! ai-je répliqué, ironique.

Isa m'a adressé une horrible grimace. Sous sa casquette des Lakers, elle était un peu plus pâle que d'habitude.

— Je suis trop bête : je m'étais promis d'inviter Sam pour la Saint-Valentin... et je ne l'ai pas fait !

— Je vais reprendre un jus d'orange, ai-je annoncé pour faire diversion.

Je me suis levée, mon porte-monnaie à la main. *Dis-le-lui, Alison !*

— Il faut croire que je n'ai pas assez de cran, a poursuivi Isa. Tu penses qu'il s'intéresse à moi ? Ou c'est juste de la pitié ? Tiens, il m'a emprunté mes notes d'allemand hier. Il a manqué plus de cours que moi, c'est un comble !

— Je reviens tout de suite, ai-je lancé en m'esquivant lâchement.

Dis-le-lui, idiote! Vas-y, c'est le moment ou jamais! me répétais-je. Au départ, c'était parti d'un bon sentiment : je ne voulais pas lui faire de peine; mais maintenant, mon mensonge par omission me pesait.

Après avoir payé mon jus de fruit, en revenant vers notre table, j'ai aperçu Sam, de dos. Il était au stand des œillets, penché pour écrire sa dédicace. À sa droite se tenait Steve, le meilleur copain d'Isa, très concentré sur sa petite carte.

Sam m'envoie des fleurs! me suis-je réjouie l'espace d'un instant. Puis j'ai réalisé que je frôlais la catastrophe : Isa allait comprendre que je sortais avec Sam en voyant le bouquet!

Quand je suis revenue à la table, elle était en train de contempler son reflet sur la lame d'un couteau.

— Je suis si pâle qu'on dirait Morticia; tu sais, la mère dans la famille Addams!

— Pince-toi les joues, lui ai-je conseillé.

Soudain, elle s'est penchée vers moi pour me chuchoter :

— Alerte! Sam et Steve sont au stand des œillets, tu as vu?

J'ai haussé les épaules d'un air dégagé, comme si c'était le dernier de mes soucis.

— J'ai osé rêver que Sam m'achetait des fleurs,

mais il ne s'intéresse à moi que pour apprendre à conjuguer le verbe *schwimmen*[2] ! a plaisanté Isa.

— On ne sait jamais. Tu ne manges pas ton gâteau ?

— Non, je n'ai pas faim. Avec Steve, on va s'envoyer des œillets blancs, comme chaque année, pour ne pas se sentir trop seuls !

— Peut-être que Steve n'est pas « juste un ami » comme tu le prétends, ai-je suggéré.

— Steve ? Quelle idée ! On est deux vieux copains, tu sais bien !

— Mmm... pas si sûr !

— Tu crois que s'il était amoureux de moi, il continuerait à m'appeler Dumbo ?

— Peut-être...

— Mais non, entre Steve et moi, il n'y a rien de plus que de l'amitié. En revanche, avec Sam... Eh ! justement, il arrive !

Sam s'est approché de nous en souriant, puis a tendu un classeur vert à Isa.

— Merci, tu m'as sauvé la vie !

— C'était un plaisir ! Tu manges avec nous ?

— Bon, il faut que j'y aille, ai-je annoncé en me levant précipitamment. Je vais mettre de l'ordre dans mon casier.

— Je dois partir aussi, a assuré Sam.

2. Verbe qui signifie « nager » en allemand.

— Tu sèches encore les cours ? l'a taquiné Isa.

— Il faut bien que j'entretienne ma mauvaise réputation !

— Moi, j'y vais, ai-je répété.

— Attends, tu as bien une minute, a râlé Isa.

— Non. Enfin... c'est pressé, ai-je menti en désignant la porte des toilettes.

— Alors Sam va me tenir compagnie pendant ce temps-là.

Sam m'a lancé un regard perdu avant de répondre :

— D'accord, mais pas longtemps, il faut vraiment que je m'en aille.

Je me suis vite réfugiée aux toilettes. J'y suis restée longtemps, essayant de trouver le courage de tout avouer à mon amie. Je voulais lui expliquer que je lui avait caché cette histoire pour ne pas lui faire de peine, mais qu'en fait j'avais eu tort.

Au moment où j'allais sortir, la porte s'est ouverte brusquement. Isa brandissait triomphalement un bouquet d'œillets rouges.

— Lis la carte, m'a-t-elle ordonné. Lis-la tout doucement pour que je puisse en savourer chaque mot.

Elle m'a tendu un petit carton en forme de cœur avec quatre mots :

Je t'aime

Sam

Isa attendait avec un sourire béat.

— *Je t'aime.* Signé *Sam*, ai-je lu.

— Encore !

— Jeuh t'aiaiai-meuh, ai-je lu le plus lentement possible. Saaa-meuh.

Je n'oublierai jamais le sourire radieux d'Isa. La casquette de travers, serrant le bouquet dans ses bras, elle semblait si heureuse. Je savais qu'à cet instant elle avait oublié sa maladie.

— Il dit bien qu'il m'aime ?

— Oui, il a écrit « je t'aime », ai-je assuré.

— Quel amour ! Il venait de partir quand un type de l'association vient me dire : « On m'a demandé de livrer ce bouquet à cette table… tenez, mademoiselle. » J'ai failli en tomber à la renverse ! J'ai voulu remercier Sam, mais il avait déjà quitté la cafét'. Il est trop timide. C'est mignon, non ?

J'ai fermé les yeux. Ce devait être un cauchemar. Pourquoi Sam avait-il fait cela ?

— Je n'en reviens pas, s'extasiait Isa, les yeux fiévreux.

De petites gouttes de sueur perlaient à son front. Je lui ai pris la main.

— *Je t'aime, Sam*, a-t-elle répété avant de s'écrouler dans mes bras.

« Et si, pendant quelque temps, tu faisais semblant d'être un peu amoureux d'elle… »

8

Après avoir fait prévenir l'infirmière du lycée et les secours, j'ai dû attendre l'ambulance. Puis, fendant la foule des curieux, j'ai couru dans le hall téléphoner à ma mère pour lui demander de me conduire à l'hôpital, les ambulanciers ayant refusé que je monte à bord. Je fouillais désespérément mon sac à dos à la recherche d'une petite pièce de monnaie, quand j'ai aperçu Sam.

— Que s'est-il passé ? m'a-t-il demandé. J'étais sur le point de partir lorsque j'ai vu l'ambulance arriver…

— Isa est tombée dans les pommes. Et là, j'essaye de téléphoner à ma mère pour qu'elle m'emmène aux urgences. C'est pas vrai ! J'ai pourtant plein de ferraille dans mon porte-monnaie, ai-je grommelé.

— Si tu veux, je peux t'y conduire.

— Oh oui ! ce serait sympa. Je n'en peux plus, ai-je explosé. En plus, sa casquette est tombée et on voyait son horrible cicatrice !

Sam m'a pris le bras et m'a entraînée vers la

porte. Nous sortions quand un garçon portant un bouquet d'œillets blancs m'a hélée.

— Hé, tu es Dumbo ?

— Non, c'est le surnom de mon amie.

— Pourrais-tu lui donner ça ? m'a-t-il demandé en me tendant les fleurs. Je crois qu'on s'est complètement embrouillés dans les livraisons.

J'ai pris le bouquet. D'après la carte, il venait de Steve.

— Mais, au fait, on ne t'a pas donné mes fleurs, Al ? s'est étonné Sam alors que nous nous installions sur sa moto.

— Non, je n'ai rien reçu...

Sam a eu l'air peiné.

— Pourtant je t'ai envoyé des œillets rouges.

En quelques secondes, tout s'est éclairci : ils avaient échangé mon bouquet avec celui d'Isa. Quel méli-mélo ! Pauvre Isa !

Cependant j'étais soulagée, les fleurs de Sam étaient pour moi, et ça me faisait plaisir. J'ai bafouillé :

— Merci, mais... mais tu aurais dû écrire mon nom sur la petite carte.

— Pourquoi ?

— Laisse tomber, Sam. Je t'expliquerai plus tard. Allons voir Isa.

En chemin, j'ai revu le visage rayonnant d'Isa quand elle tenait les œillets rouges à la main. Jamais je n'oserai lui avouer la vérité maintenant !

Ses parents étaient déjà à l'hôpital quand nous sommes arrivés.

— Elle va bien, m'a rassurée Lauren. Elle a voulu en faire trop d'un coup et a mal supporté ses médicaments. Je n'aurais jamais dû la laisser reprendre les cours si tôt.

— Mais elle ne voulait rien entendre, a rappelé son père.

— Elle peut recevoir des visites? ai-je demandé.

— Oui, ils l'ont installée dans la chambre 402. Lauren et moi, nous allons discuter avec les médecins et nous vous rejoignons ensuite.

Lauren a remarqué les œillets blancs que j'avais gardés à la main et s'est tournée vers Sam.

— Au fait, vous êtes Sam, n'est-ce pas? Nous nous sommes rencontrés à la petite fête.

Sam a acquiescé.

— En reprenant conscience, Isa a parlé des fleurs rouges que vous lui avez envoyées. C'était très gentil de votre part. Merci, Sam.

— Euh… en fait… a commencé Sam.

Je l'ai interrompu en le tirant par le bras.

— On monte, à tout à l'heure! ai-je lancé précipitamment.

Dans l'escalier, Sam m'a forcée à m'arrêter :

— Alison, attends. Ils ont interverti les bouquets, c'est ça?

— Écoute, ce n'est pas grave, ai-je assuré. Mais tu dois jouer le jeu maintenant. Si tu avais vu son sourire, elle était tellement contente!

— Mais c'est à toi que je voulais offrir ces fleurs!

— Je sais, et ça m'a fait plaisir, ai-je répondu en lui pressant doucement la main.

Au quatrième étage, nous nous sommes engagés dans un couloir rose et bleu que de nombreux posters tentaient en vain d'égayer. En passant devant une salle d'attente, j'ai aperçu une cabine téléphonique.

— J'aimerais appeler ma mère pour la prévenir. Tu as de la monnaie?

Sam a fouillé dans la poche de son jean.

— Tiens. Alison, je ne peux pas laisser Isa croire que je suis amoureux d'elle!

Sans répondre, j'ai composé le numéro du cabinet vétérinaire de mes parents. J'ai expliqué à Janet, la secrétaire, ce qui s'était passé et lui ai demandé d'avertir ma mère. Sam s'était adossé au mur, les bras croisés, l'air soucieux.

Je venais à peine de raccrocher quand Steve et Gaëlle ont fait leur apparition dans la salle d'attente.

— Elle va bien, les ai-je rassurés. Mais son traitement la fatigue beaucoup.

— Ouf, j'étais tellement inquiète, a soupiré Gaëlle.

— Oh! Qui t'a envoyé ces fleurs? m'a questionné Steve.

— Mais, c'est toi, voyons, ai-je répliqué en lui tendant le bouquet. Ils l'ont livré à la mauvaise adresse, il va falloir faire une réclamation !

Quand nous sommes arrivés devant la porte de la chambre 402, j'ai pris Sam à part.

— Si Isa parle des fleurs, joue le jeu, promis ?

— Non, ce n'est pas bien, Alison. Elle va se faire des idées.

— Je sais, Sam, mais le moment est mal choisi pour lui ôter ses illusions. Si tu l'avais vue tout à l'heure !

Sam gardait le silence, les yeux rivés au sol.

— Écoute, elle vient de subir une opération délicate, elle est épuisée, elle a ses parents et sa tante sur le dos, et le seul garçon qu'elle a dans sa vie, c'est son copain Steve ! La pauvre, tu ne vas pas en rajouter !

Il a esquissé un sourire mais semblait peu convaincu.

— Je ne sais pas mentir.

— Oui, mais tu sais te taire, et c'est déjà pas mal.

— Tu es vraiment un drôle de spécimen, Alison. Un peu étrange, mais très intéressant ! a-t-il conclu en me caressant tendrement la joue.

J'ai résisté à l'envie de l'embrasser pour l'entraîner dans la chambre.

Isa était assise dans son lit, entourée de Steve et de Gaëlle. La blouse vert pomme que l'hôpital lui avait prêtée lui donnait terriblement mauvaise mine, mais elle avait le sourire.

— Bon, voici toute la petite bande réunie à mon chevet! s'est-elle écriée.

— Et pour ne pas perdre les bonnes habitudes, voici ton bouquet annuel, a annoncé Steve en lui tendant les œillets.

Isa a lu la carte et a serré Steve dans ses bras en riant. Puis elle a adressé à Sam un sourire timide.

— À propos de fleurs...

Sam m'a jeté un regard désespéré.

— Euh...

— Avoue que c'était un peu exagéré de s'évanouir pour ça, Isa, ai-je dit précipitamment.

— Pouce, est intervenue Gaëlle. J'ai dû manquer un épisode. De quoi parlez-vous?

Juste à ce moment, Miguel et Lauren sont entrés. *Ouf, excellente diversion!* ai-je pensé.

— Allez, ça suffit pour aujourd'hui. Il faut que tu te reposes, Isa, a ordonné sa mère.

— Mmm, alors au revoir, a grommelé Isa à contrecœur. La prochaine fois, j'essaierai de tomber dans les pommes en plein milieu du cours d'histoire, promis.

Tandis que nous quittions la pièce, Isa a retenu Sam en lui prenant la main. J'ai décidé de le laisser se débrouiller et je suis sortie avec les autres.

Lorsqu'il m'a retrouvée dans le couloir, je me suis empressée de l'interroger :

— Alors, qu'est-ce qu'elle t'a dit ?

— Qu'elle m'aimait aussi.

— Et toi, tu as répondu quoi ?

— « Guéris vite ».

— Tu vois, ce n'était pas si compliqué !

Sam a secoué la tête en soupirant, l'air excédé.

— Viens, il faut qu'on parle.

Je lui ai indiqué la route de la plage des tortues. Comme il faisait encore doux, nous nous sommes assis sur le sable, laissant les vagues nous chatouiller la plante des pieds. Sam était resté silencieux depuis l'hôpital, ce qui me donna le temps d'échafauder mon plan.

— Il y a beaucoup de nids de tortue de mer par ici, ai-je fini par dire. L'année dernière, Isa et moi, nous les avons observées. Les mères parcourent des milliers de kilomètres pour venir pondre sur la plage où elles sont nées. Elles couvent leurs œufs, et dès qu'ils ont éclos, au bout de deux mois environ, les bébés tortues foncent directement dans l'océan. C'est génial !

Je me suis interrompue une minute avant de reprendre :

— Mais cette année, Isa ne pourra pas... enfin, elle risque d'être trop malade...

Sam a pris une poignée de sable et l'a fait couler tout doucement dans ma main.

— Alison, tu ne peux pas la laisser croire que je l'aime. Ce ne serait pas juste, ni pour elle ni pour nous deux.

— Et si, pendant quelque temps, tu faisais semblant d'être un peu amoureux d'elle… Je ne te demande pas de l'épouser, mais juste de sortir une fois ou deux avec elle. Ce ne sera pas désagréable, après tout elle est mignonne, intelligente, sympa…

— Oui, mais Isa, ce n'est pas toi !

Je me suis mise à rire.

— Disons qu'elle est un beau cygne majestueux, et que moi je suis le petit canard boiteux, le « drôle de spécimen », comme tu dis.

Sam s'est serré tout contre moi et m'a murmuré à l'oreille :

— Tu es belle, Alison. Isa est jolie, mais ce n'est pas elle que j'aime. Je ne peux pas mentir sur mes sentiments.

— Tu as déjà été amoureux, Sam ?

Il m'a caressé les cheveux, et un long frisson m'a parcourue.

— C'est drôle que tu me demandes ça, parce que justement, en ce moment, je suis amoureux.

J'ai savouré ses paroles un instant, puis, plantant mon regard dans le sien, j'ai répliqué :

— Eh bien, Isa n'a jamais eu cette chance-là, elle n'a jamais vécu d'histoire d'amour.

— Mais ce n'est pas Isa qui m'intéresse, c'est toi, Alison!

Il a pris mon visage entre ses mains. Il était sur le point de m'embrasser.

— Attend, Sam. Il faut que tu saches quelque chose. C'est à propos d'Isa... elle...

J'avais du mal à articuler tellement ma gorge se serrait. Je n'osais pas prononcer ces mots.

— ... elle va mourir. Elle n'a plus que deux ou trois mois à vivre, et ses parents ne veulent pas le lui annoncer.

Sam m'a lâchée brutalement et s'est tourné pour fixer l'horizon.

— Je suis désolé, Alison, a-t-il murmuré. Désolé...

— C'est pour ça que j'aimerais que tu passes un peu de temps avec elle... car je sais qu'elle a un faible pour toi.

— Elle mérite mieux qu'un faux petit ami. Elle mérite d'être aimée vraiment.

— Oui, elle mérite d'aller à l'université, de gagner le prix Nobel, d'avoir des enfants, de voyager... mais elle n'aura rien de tout ça!

— Je ne comprends pas ce qui te pousse à monter ce plan, a soupiré Sam.

— Parce que... parce qu'Isa est ma meilleure amie, que je l'aime et... qu'elle va mourir, ai-je sangloté.

— Alors tu veux laisser tomber notre histoire pour elle ?

— Non, je ne veux pas te laisser tomber, je veux juste te partager un moment.

Sam me dévisageait d'un regard impénétrable.

— L'amour, ça ne marche pas comme ça, Alison.

Sam m'a déposée devant chez moi sans un mot. Toute la maison embaumait l'ail. Papa préparait probablement sa fameuse sauce bolognaise, car je l'entendais chanter – faux – dans la cuisine sur son CD préféré des Beatles. Tant mieux, la musique était si forte qu'il n'avait pas dû entendre la moto de Sam.

Sarah jouait au ballon contre le mur de sa chambre, au grand désespoir de mes parents.

Dans le salon, maman, agenouillée sur le tapis, tentait de récupérer les restes d'un journal mâchouillé et déchiré en mille morceaux.

— Je passe toute la journée dans les plumes, les poils et les puces, Jim. Je suis vétérinaire ! Le soir j'aimerais oublier tout ça, mais on a trop d'animaux dans cette maison !

— On a juste un chat, un chien et une jument, chérie ! a répondu mon père, sortant de la cuisine, une cuillère en bois à la main. Et puis tu es ma vétérinaire préférée !

— Eh bien ! Je m'escrime à nettoyer un vieux tapis plein de pipi de chat et poils de chien, et je te plais quand même ?

Mon père s'est penché pour lui déposer un bisou sur le nez et lui faire goûter sa sauce.

— Mets plus d'ail ! a-t-elle conseillé.

— Tu crois ? On ne risque pas d'avoir de vampire dans cette maison, ça, c'est sûr ! a plaisanté papa.

La maladie d'Isa avait chamboulé mon petit monde. Avant, je croyais que ma famille et mes amis seraient toujours là, que rien ne changerait, puis tout s'était effondré. Alors, c'était rassurant d'entendre ma mère râler et de voir mon père faire toujours les mêmes pitreries.

— Salut tout le monde ! ai-je lancé en entrant dans le salon.

— Bonjour Alison chérie ! Comment va Isa ? m'a demandé maman.

Elle a laissé de côté ses morceaux de papier et est venue s'asseoir à côté de moi sur le canapé.

— Pas trop mal, elle est juste épuisée par son traitement.

— J'ai appelé Lauren à l'hôpital. Elle m'a dit qu'Isa sortait demain.

— On lui a fait envoyer des ballons à message du genre « Guéris vite ! » « Bon rétablissement ». C'est un peu gnangnan, mais ça change des fleurs, a ajouté mon père.

— C'est gentil, merci papa.

— Ma sauce mijote sur le feu. Le dîner sera prêt dans un quart d'heure, a-t-il précisé en me caressant les cheveux. Tu as l'air fatigué, ma puce.

— Ne t'inquiète pas, ça va.

Maman m'a serrée contre elle. J'ai laissé aller ma tête contre son épaule. Comme j'aurais aimé être encore petite pour qu'elle puisse guérir tous mes bobos, consoler tous mes chagrins !

Boris, notre vieux croisé labrador, est arrivé en battant de la queue pour renifler les débris de son forfait. Il a sauté sur le canapé et s'est étalé sur nos genoux.

— On... on a trop d'animaux dans cette maison, a hoqueté ma mère.

Fondant en larmes, elle a repris :

— Je ne savais pas quoi dire à Lauren. Il n'y a pas de mots pour consoler une mère dont l'enfant est en train de mourir !

Elle s'est essuyé les yeux d'un revers de main et, en reniflant, elle m'a demandé :

— Et toi, comment tu vis tout ça, ma chérie ?

— J'ai du mal à réaliser qu'elle va mourir. Elle vient en cours, on rigole comme avant, sauf qu'elle a le crâne rasé. On est amies, rien a changé. Pour moi, c'est toujours Isa, je ne la traite pas comme une malade, ai-je expliqué en gratouillant distraitement Boris entre les deux oreilles. Mais, il y a ce garçon...

— Sam, c'est ça ? Celui qui a une Harley.

— Comment ? Tu es au courant ?

— Sarah a avoué sous la torture.

— Et tu ne m'as rien dit ? Moi, j'avais peur que tu t'affoles, à cause de la moto…

— Je préférais que tu décides de m'en parler de toi-même. Et puis, moi aussi, j'ai connu un grand brun ténébreux qui avait une Harley…

— C'est vrai ?

— Oui, ton père. Mais ensuite il l'a revendue pour s'acheter une Coccinelle !

J'ai souri pour la première fois depuis un temps infini.

— En fait, j'aimerais que Sam sorte avec Isa.

— Ouh là ! Ça se complique ! Qu'est-ce qu'en pense Sam ?

— Que j'ai perdu la tête… mais il m'a aussi confié qu'il m'aimait.

— Et c'est réciproque ?

J'ai eu un instant d'hésitation.

— Ça n'a pas d'importance. Ce qui compte, c'est Isa. Elle est amoureuse de lui. Et je me suis dit que, peut-être, ils pourraient avoir une histoire ensemble…

— Alison, ce n'est pas si simple, m'a expliqué doucement ma mère. Tu devrais réfléchir à ce qui te pousse à agir ainsi.

— Je le fais pour Isa. Ma meilleure amie. Qui est en train de mourir. C'est clair, non ?

— Tu sais, ce n'est parce qu'elle est malade que tu dois t'arrêter de vivre, toi. C'est terrible ce qui arrive à Isa, mais tu ne dois pas culpabiliser si toi tu es heureuse. Je ne pense pas qu'elle le souhaite.

— Je ne me sens pas coupable.

— Il n'y a peut-être pas que ça… L'amour fait peur parfois, a-t-elle soupiré. C'est bizarre.

Mon père est revenu, toujours armé de sa cuillère en bois. Avec ses joues striées de sauce tomate, on aurait dit un Indien sur le sentier de la guerre.

— Tu vois, c'est bizarre l'amour, a-t-elle répété.

— Qui est amoureux de qui, de quoi ? a questionné mon père.

— Personne, ai-je répondu en me relevant.

— Tu goûtes ma sauce, ma puce ?

— Non merci, papa.

Il a eu une petite grimace de déception.

— Alison, a repris ma mère, c'est bien que tu soutiennes Isa, mais n'oublie pas que tu peux compter sur nous si ça ne va pas, d'accord ?

— Mmm, je sais. Je vais prendre une petite douche avant le dîner.

En passant devant la cuisine, j'ai crié :

— Papa, je suis sûre que ta sauce manque d'ail, on n'est pas des vampires dans cette maison !

« Je pense que c'est une mauvaise idée, mais si tu es sûre que c'est ce qu'il faut faire... »

9

Le samedi matin, j'ai été chargée de conduire Sarah à un tournoi de basket. Tandis qu'elle s'installait dans le break, tout à coup, avec sa casquette rouge de travers, elle m'a rappelé Isa. Et j'ai réalisé que le malheur qui frappait mon amie aurait pu tomber sur n'importe qui... même sur ma petite sœur. Je ne voyais plus le monde du même œil depuis que j'avais appris qu'Isa était malade. Je ruminais sans cesse des pensées sinistres. Comment Isa arrivait-elle à supporter cette menace qui pesait au-dessus de sa tête?

En chemin, nous nous sommes arrêtées dans un fast-food.

— Tu crois que papa et maman vont mourir un jour? m'a interrogée Sarah en sirotant son milk-shake au chocolat.

— Scientifiquement, c'est fort probable.

Elle a froncé les sourcils en jouant nerveusement avec sa paille.

— Cependant, ils sont encore là pour longtemps, Sarah, l'ai-je rassurée. Au moins un demi-siècle !

— Mais parfois, ça ne se passe pas comme on l'avait prévu…

— C'est vrai, mais la plupart du temps, les gens meurent vieux.

Je voyais qu'elle tournait et retournait douloureusement ces questions dans sa tête. Elle était si jeune, et pourtant si grave. Je ne me rappelais pas m'être posé tant de problèmes métaphysiques à son âge.

— C'est dur toute cette histoire, ce qui arrive à Isa… ai-je remarqué.

Elle hoché la tête en continuant à mâchouiller ses frites.

— Tu penses à quoi, Sarah ?

— Dans un demi-siècle, j'aurai… soixante ans. Ouf ! a-t-elle soupiré, soulagée. Je serai déjà grand-mère !

J'ai souri. Elle m'a tendu une frite, et soudain je me suis sentie un peu mieux, moi aussi.

Nous venions de dépasser le panneau indiquant Gatorworld, le parc aux crocodiles, quand Sarah m'a montré un homme à cheval qui avançait, au pas, au milieu de la nationale.

— Tu crois qu'il fait de la pub pour le parc ?

— Je ne sais pas. En tout cas, c'est dangereux, les voitures roulent vite sur cette route.

— Ce doit être un acteur de la parade des pirates, il a un perroquet perché sur l'épaule, a remarqué Sarah.

Un perroquet? J'ai pilé sur place, sans me soucier du concert de klaxons qui s'élevait derrière moi. De toute façon, un bouchon s'était déjà formé autour du curieux équipage.

— Oh! Et il y a des chiens en selle avec lui! a continué Sarah.

Une voiture de police, sirène hurlante, nous a dépassées pour foncer sur le cavalier.

— Ils vont l'arrêter? s'est inquiétée ma petite sœur. Ce n'est pourtant pas un crime de se promener à cheval. Le pauvre, il a l'air tout perdu! Mais pourquoi tu t'es arrêtée? Je vais être en retard.

— Disons que ce vieux monsieur est un ami à moi.

J'ai garé la voiture sur le bas-côté. Les policiers s'approchaient de Morgan en lui faisant de grands signes. Tout naturellement, il leur a rendu leur salut.

— Tu le connais, Al?

— Oui, il m'a emmenée à Las Vegas l'autre jour, ai-je soupiré en coupant le contact.

Ça n'a pas été facile, mais j'ai réussi à tirer Morgan de ce mauvais pas. J'ai appelé Sam au garage et il nous a rejoints tout de suite. Les policiers se sont montrés plutôt compréhensifs. En fait, ils ont l'habitude : en Floride, il y a plein de personnes âgées un peu originales.

J'ai proposé de monter Clémentine, la jument, pour la ramener chez Sam. Sarah avait le choix entre se faire conduire par la voiture de police avec Morgan ou rentrer sur la Harley de Sam. Sans hésitation, elle a enfourché la moto et s'est accrochée à Sam. Elle m'a adressé un sourire triomphant, et ils ont démarré dans un nuage de poussière.

En arrivant au mobile home, j'ai trouvé Sarah et Morgan sur les marches, qui discutaient, assis comme de vieux amis. Sam était assis sur le capot de la Cadillac et il sirotait un Coca, les yeux dans le vague.

Quand il m'a vue, il s'est écrié :

— Une fois encore, Alison est arrivée juste à temps pour nous sauver !

— Je n'ai pas vraiment l'étalon noir et la cape de Zorro, mais enfin… Quel âge a ce vieux canasson ?

— Pff ! C'est un cheval préhistorique ! Il date de l'époque où Morgan avait un ranch à Mexico, juste avant d'être croupier dans un casino de Las Vegas et après sa période « chercheur d'or ».

— Al, regarde ! m'a hélée Sarah.

Le perroquet était perché sur son épaule. Elle a

sifflé et les quatre chiens se sont assis en rond autour d'elle. Elle a tapé dans ses mains et ils ont exécuté un saut périlleux arrière.

Je n'en croyais pas mes yeux.

— Ah oui ! j'avais oublié, Morgan a aussi été dompteur pour le cirque des frères Ring ! a ajouté Sam en riant.

— Tu plaisantes ?

— Non, il a eu une vie bien remplie !

— Et c'est comme ça qu'il s'est retrouvé ici, à Sarahsota ? Le cirque a donné de nombreuses représentations dans le coin. Il venait passer l'hiver au chaud en Floride.

— Oui, Morgan s'est fait beaucoup d'amis dans la région, mais ils sont morts pour la plupart, ou ils ont déménagé.

— Al, les yorkshires montent sur le dos des caniches comme des écuyères, s'est enthousiasmée Sarah. Et ils font aussi un numéro avec Clémentine.

— Je crois qu'elle a eu une rude journée, tu sais. Il faudrait la desseller et lui donner du foin et de l'eau.

— Je vais le faire, a proposé ma petite sœur. D'accord, Morgan ?

Morgan a esquissé un vague hochement de tête. Il avait l'air épuisé mais content. J'ai passé les rênes de Clémentine à Sarah, et je me suis approchée de lui.

— Quelle aventure, hein ? Vous devez être fatigué.

— Oui, un peu, a-t-il admis.

— Que diriez-vous d'une petite sieste ?

— Et après on jouera au poker ?

— Mmm, on verra. Allez, on y va, ai-je ordonné en lui proposant mon bras.

Il s'y est appuyé et m'a suivie docilement.

L'intérieur du mobile home était bien tenu, mais manquait de lumière. Il y avait un petit lit, un sofa, un vieux poêle à gaz et un poste de télévision avec une antenne métallique. Le grand-père s'est laissé coucher comme un petit garçon fatigué, puis je l'ai bordé avec son édredon en patchwork.

— Morgan, où êtes-vous allé aujourd'hui ?

Il m'a regardée sans me voir, l'air absent.

— Je ne sais pas, je ne me souviens plus.

— Ce n'est pas grave.

Il a fermé les yeux en ajoutant :

— Ce soir, nous irons à Las Vegas ou à Mexico, d'accord ?

— Parfait, j'adorerais visiter ces deux villes.

Mais il dormait déjà.

J'ai rejoint Sam, qui s'était installé au volant de la Cadillac. Je suis montée du côté passager tandis qu'il m'expliquait :

— Il n'était pas comme ça avant. Il y un an, il était encore tellement plein de vie !

— Tu le voyais souvent quand tu étais petit ? Moi, je vais rarement chez mes grands-parents parce qu'ils habitent New York.

— C'est plus compliqué que ça, a-t-il répondu évasivement, l'air gêné. Au fait, tu veux manger un morceau ? Je te dois bien ça.

— Non merci. Je suis bien là, assise au soleil.

— Tu me dis quand tu veux que je te raccompagnes à ta voiture, hein ?

— On n'est pas pressées. Sarah a l'air ravie de jouer à dompter les animaux féroces de ton grand-père ! Elle en a même oublié son tournoi de basket. Et puis, ce soir, Morgan a promis de nous emmener à Las Vegas ou à Mexico…

— Oui, il a vécu là-bas, et dans beaucoup d'autres villes. Je n'ai jamais connu ma grand-mère, elle est morte avant ma naissance. Je passais toutes mes vacances avec Morgan, ici ou ailleurs… Une fois, nous avons navigué un mois sur un bateau de pêcheurs de crevettes !

— Tu avais quel âge ?

— Sept ans. C'était génial. Je rêvais de devenir pirate… en fait, il s'est révélé que j'étais allergique aux fruits de mer !

— Super ! Mais ta mère t'a laissé partir si jeune ?

— Mmm, elle nous envoyait partout, mes deux frères et moi.

— Et c'est elle qui t'a demandé de venir ici ?

— Non, ça, c'était mon idée. D'ailleurs, elle pense que je suis dingue !

— Comment ça ?

Sans me répondre, il a fermé les yeux et a abandonné sa tête contre le siège. Ça lui donnait l'air si vulnérable, si fragile... À tâtons, il a cherché ma main et l'a serrée fort.

— Quand j'étais petit, à la maison, ça n'allait pas bien. Mes parents se disputaient sans arrêt. Alors, l'été, ils nous envoyaient chez mon grand-père pour nous changer d'air. Et puis, vers mes neuf ans, mon père a quitté ma mère pour de bon. Pendant des années, elle a espéré qu'il allait revenir. Heureusement, Morgan m'avait avoué franchement que je reverrais mon père quand les poules auraient des dents.

— Mais ta mère essayait sans doute juste de te protéger.

Sam a rouvert les yeux brusquement.

— Parfois, il vaut mieux connaître la vérité pour pouvoir la surmonter, Alison. Ma mère ne l'a pas supporté, elle a craqué : dépression nerveuse. On a failli être placés en familles d'accueil, mais mon grand-père a bien voulu s'occuper de nous jusqu'à ce qu'elle aille mieux. Après, il a encore changé de vie une ou deux fois, puis il a atterri ici.

— Mais alors, pourquoi l'as-tu rejoint, finalement ?

— L'an dernier, Morgan devait venir passer Noël chez nous. Le problème, c'est qu'il est monté dans un car pour Kalamazoo au lieu de Détroit… il avait perdu la boule pendant un moment, et ma mère a pensé qu'il fallait le mettre en maison de retraite. Quand elle lui en a parlé, Morgan n'a rien voulu entendre : il ne voulait pas abandonner ses animaux, et surtout il avait peur que ça le rende complètement gâteux. Ça faisait aussi de la peine à ma mère, mais elle ne voyait pas d'autre solution. Et puis…

— Et puis tu as décidé de t'installer ici et de te charger de lui.

— Oui. Ma mère avait peur que je n'y arrive pas, mais je voulais essayer au moins, parce que j'ai pu compter sur lui à chaque fois que j'en avais besoin.

Sam m'a lâché la main. Il regardait le mobile home, tout ému, en poursuivant :

— Si j'arrive à le surveiller, il pourra rester ici encore un moment. Ma mère m'envoie un peu d'argent et, pour le reste, je travaille au garage. Ce n'est pas évident à concilier avec les cours et tout… mais j'aimerais tant que ça marche !

— Mais tu manques le lycée si souvent, et puis, si Morgan fait des siennes, comment vas-tu te débrouiller ?

— Je ne sais pas. Il faut que je trouve une solution, a-t-il expliqué en tirant de sa poche un morceau de papier chiffonné. Regarde, un gentil petit mot du proviseur : encore une absence sans excuse et je suis viré !

— Ils ne peuvent pas te faire ça.

— Jusque là, Lutz a été plutôt sympa. Je lui ai expliqué la situation et il a eu l'air de comprendre.

— Oui, parce que c'est vraiment gentil que tu veuilles prendre soin de ton grand-père.

— Mmm, lui aussi, il est gentil, a-t-il assuré en levant vers moi ses yeux embués de larmes. Si tu l'avais connu avant, Alison. Il aimait tellement la vie, il était libre, il n'avait peur de rien. Le mettre en maison de retraite, ça reviendrait à le mettre en cage. Quand ma mère en a parlé, c'est la seule fois où j'ai vu Morgan pleurer.

Il a appuyé sa tête contre le volant.

— Tu dois penser que je suis fou, non ?

— Pas du tout, c'est super ce que tu essayes de faire.

Il s'est tourné vers moi, plein d'espoir.

— Vraiment ? Tu sais, Jane, ma voisine que tu as vue l'autre fois, elle adore Morgan. Alors parfois elle vient me donner un coup de main. Elle a l'habitude car son mari souffrait de la maladie d'Alzheimer. Elle veut bien le surveiller quand je ne suis pas là. Mais il faut qu'il comprenne qu'il doit faire des efforts pour ne pas se fourrer dans des situations impossibles !

— Si tu veux, je peux t'aider aussi, ai-je proposé. Je pourrais venir ici de temps en temps quand tu es au garage.

— Merci, mais non, a-t-il répondu fermement. Je ne veux pas te mêler à ça.

— Je l'aime bien Morgan, me suis-je récriée. Il m'a dit que j'étais une jolie cocotte.

— C'était son perroquet… enfin, j'admets qu'il avait raison ! Qu'est-ce qui te fait rire ?

— Je repensais à tous ces bruits qui courent à ton sujet, aux histoires abracadabrantes que j'avais imaginées… je n'aurais jamais deviné la vérité ! En fait, tu es vraiment adorable.

Sam s'est penché vers moi. Il a pris mon visage entre ses mains et m'a dévisagée comme s'il me voyait pour la première fois. Au bout d'un moment, il m'a relâchée, et nous avons regardé Sarah s'amuser avec les chiens, sans parler.

— Je suis désolé, a repris Sam tout à coup.

— Pourquoi ?

— Pour Isa, et toute cette histoire. J'aimerais t'aider… mais je ne peux pas faire semblant d'être amoureux d'elle.

— Pff. C'était un plan complètement fou de toute façon !

— Non, c'était généreux !

— Pas tant que ça, ai-je répliqué en me rappelant les paroles de ma mère. Peut-être que c'était surtout pour ne plus me sentir coupable.

— Comment ça ?

— En fait, j'avais l'impression de ne pas avoir le droit d'être heureuse alors qu'un tel malheur arrivait à mon amie, ai-je expliqué, gênée. Et puis…

— Et puis ? m'a-t-il encouragée.

— Et puis je crois que je suis tombée amoureuse de toi. Mais je n'ai pas osé le dire à Isa, car elle t'aime aussi et, comme elle est malade, je ne voulais pas lui faire de peine, voilà.

— Tu m'aimes alors ?

— Mmm.

— Et tu voudrais me laisser tomber pour faire plaisir à une copine ?

— Pour ma meilleure amie. Bon, il faut qu'on y aille, ai-je coupé brusquement. Je vais appeler Sarah.

Sam pianotait sur le volant nerveusement. Il avait l'air plongé dans une intense réflexion.

— Alison, a-t-il fini par dire, je pense que c'est une mauvaise idée, mais si tu es sûre que c'est ce qu'il faut faire…

— Tu veux bien ?

— Juste pour quelque temps.

— Merci Sam.

— Bon, alors c'est râpé pour samedi soir ?

— De toute façon, tu n'aimes pas danser. Et puis, si on y allait ensemble, ça reviendrait sûrement aux oreilles d'Isa.

Sam est sorti de la voiture, il m'a tendu la main et m'a attirée tout contre lui.

— Tu sais que je t'aime, Alison ?

Et il m'a embrassée si tendrement que, pour un instant, j'ai oublié le reste du monde.

Même Isa.

Puis il s'est dégagé de mon étreinte et a soupiré :

— Bon, il faut que tu me donnes le numéro d'Isa.

« “ Tu crois qu’on le sent quand arrive le grand amour ? ” m’a-t-elle demandé. »

10

Dès le jeudi, Isa était de retour au lycée, comme si de rien n’était. Nous avons passé l’heure du déjeuner à la bibliothèque pour qu’Isa puisse rattraper les cours en recopiant mes notes. En fait, nous bavardions à voix basse en piochant discrètement dans un paquet de chips caché sous la table.

— Alors, que t’a dit le médecin, hier ? ai-je chuchoté.

Isa a levé les yeux de son classeur.

— Tu connais les médecins. Ils ne s’expriment jamais clairement. Ils marmonnent juste des termes compliqués auxquels on ne comprend rien. De toute façon, j’étais déterminée à revenir en cours, peu importe leur avis.

Elle a rajusté l’écharpe de soie verte qu’elle s’était nouée autour de la tête en turban, comme une star des années vingt.

— Tu dois encore faire de la radiothérapie ?

— Juste la semaine prochaine : il ne me reste

que trois séances. Tant mieux, je serai moins fatiguée après.

À cet instant, la porte de la bibliothèque s'est ouverte.

— Sam ! s'est écriée Isa en me donnant un coup de coude. Et j'ai ce vieux truc vert sur la tête ! J'aurais dû mettre ma casquette. Tu sais, il ne m'a pas rappelée depuis l'hôpital, j'ai dû lui faire peur.

Tout en parlant, elle a fouillé dans son sac et en a tiré sa trousse à maquillage ; elle s'est vite remis un peu de blush et s'est composé un sourire radieux.

— Tu sais, il est très occupé, l'ai-je rassurée en grignotant une chips, l'air dégagé.

— Non, je sais bien que j'avais l'air d'une extraterrestre avec cette blouse vert pomme !

Sam est passé dans les rayonnages derrière Isa et j'ai croisé son regard apeuré. *Pourvu qu'il ne gâche pas tout !*

— Il regarde vers nous, Isa !

Elle avait plongé le nez dans son livre.

— Tu parles, c'est toi qu'il regarde. Il vient par ici ?

— Oui, il est tout pâle.

— Mmm, tu crois que c'est bon signe ?

— Sûrement. Je te parie qu'il va te demander de sortir avec lui.

— Mon Dieu, mon Dieu, mon Dieu ! C'est pas vrai, je parle à Dieu alors que je ne suis même pas croyante !

Je lui ai adressé un petit coup de pied sous la table. Sam se rapprochait.

— Je crois qu'il faut résoudre tous les exercices du chapitre sept, Isa, ai-je dit tout fort.

— Mesdames, a lancé Sam en s'asseyant à notre table, je vous prends en flagrant délit de consommation illégale de chips !

— Pitié, nous sommes innocentes ! a répliqué Isa.

Sam évitait mon regard, gardant les yeux fixés sur mon amie.

— Bon, vous pouvez acheter mon silence en m'en donnant quelques-unes. Ou sinon vous serez condamnée à sortir avec moi demain soir, mademoiselle Cates-Lopez.

— Je ferai tout ce que vous voulez, monsieur, a assuré Isa en rosissant légèrement.

— Parfait, dans ce cas : demain, à sept heures sonnantes, je serai devant chez vous. Et nous irons… dîner aux chandelles chez McDonald's, d'accord ? Au fait, je viendrai chevauchant mon fidèle destrier à moteur, cela vous convient ?

— Ma mère va être ravie ! a répondu Isa.

— N'oublie pas ton second casque, Sam, ai-je ajouté.

J'ai aussitôt regretté d'avoir ouvert la bouche.

— Comment peux-tu savoir qu'il a deux casque, Al ?

Sam n'a pu retenir un léger sourire qui voulait dire « Je t'avais bien dit que cela ne marcherait pas ».

— Euh... tu sais, après son accident dans le verger, on a discuté, et on a parlé de sécurité, et tout et tout, ai-je expliqué évasivement.

J'ai rendu son sourire à Sam, qui s'est levé brutalement en lançant :

— Bon, à demain, Isa.

— Non, à tout à l'heure, a-t-elle corrigé.

— Ah! oui, c'est vrai, en cours d'allemand!

En partant, il m'a discrètement caressé l'épaule. Il m'avait juste frôlée, ce n'était pas grave, mais instinctivement je me suis reculée.

Isa le regardait s'éloigner, tout sourire. Dès qu'il a été hors de vue, elle a bondi en poussant un cri de victoire :

— Ouais! On a gagné! Il a un regard si profond qu'on se noierait dedans!

— Très beaux yeux, en effet.

Elle avait l'air tellement contente, et cela grâce à moi! Mon plan fonctionnait à merveille.

— Ouh là! Je délire, non?

— Isa, tu as raison : il est craquant. Il est adorable. Et tu sors avec lui : il y a de quoi hurler de joie.

— Qu'est-ce qui te fait penser qu'il est gentil?

— Je suis une très fine psychologue.

— Oui? Eh bien, pas moi. Tu te rappelles de ce Jerry pour qui j'avais un petit faible?

— Mmm.

— Et tu te souviens qu'il m'a invitée au cinéma ?

— Mmm.

— Et comment ça s'est terminé ?

— Joker. Je ne sais plus.

— Je suis sûre que tu n'as pas pu oublier : il a passé tout le film à lancer du pop-corn en utilisant sa paille de Coca comme sarbacane. C'était un sombre crétin !

— Oui, mais on était plus jeunes. Maintenant tu as beaucoup plus d'expérience, ai-je tenté de la rassurer.

— Et si Sam était pire que Jerry ?

— Non, ce n'est pas possible, je te le promets.

— Et si je ne lui plais pas finalement ?

— Vous êtes faits l'un pour l'autre, Isa.

Sous la table, je croisais les doigts en espérant de toutes mes forces que ça allait marcher.

L'après-midi, en cours d'espagnol, j'ai écrit un petit mot à Sam. Je ne voulais pas que le plan échoue au dernier moment parce que Morgan aurait eu une crise ou que Sam serait retenu au garage. Isa serait trop déçue.

Sam,

Isa est folle de joie !!! Je suis sûre que vous

allez bien vous amuser. Si tu veux que je m'occupe de Morgan demain soir, pas de problème.
Alison

J'ai plié la feuille en quatre et je l'ai fait passer dans les rangs.

Cinq minutes plus tard, j'ai reçu un message gribouillé sur un coin de copie :

Al,
Merci, mais Jane se charge de Morgan — il a promis d'être sage.
Ravi qu'Isa soit ravie.
Je t'aime.
Sam

Je t'aime.

J'ai lu et relu ces mots une centaine de fois puis, résistant à l'envie de lui répondre que, moi aussi, je l'aimais, j'ai glissé soigneusement le papier dans mon agenda. Quand la fin de l'heure a sonné, nous nous sommes tous précipités dans le couloir et, par hasard, je me suis retrouvée tout près de lui. Nous nous sommes vite éloignés l'un de l'autre, tout gênés, sans oser nous parler.

Le soir, Sam m'a téléphoné.

— Tu es sûre qu'on fait bien ?

— Oui, Sam.

— Tu crois qu'elle se doute de quelque chose ?

— Non, continuons comme ça et elle n'en saura jamais rien.

— Je t'aime, Alison.

J'ai attendu, écoutant un instant son souffle régulier à l'autre bout du fil, puis j'ai enfin répondu :

— Je t'aime aussi, Sam.

Et j'ai raccroché.

Le vendredi après-midi, Gaëlle et moi nous sommes rendues chez Isa pour une grande réunion avant son rendez-vous avec Sam.

Elle nous a fait un défilé de chapeaux, de turbans et de casquettes. Elle ne semblait pas gênée de nous montrer son crâne rasé, recousu et brûlé par la radiothérapie, comme si elle avait pris un coup de soleil.

Nous sommes tombées d'accord sur une écharpe de velours noir. Et comme je lui déconseillais les jupes (pour cause de chevauchée à moto), elle a opté pour un jean noir avec un petit haut décolleté.

— Il faut qu'on y aille, Isa, ai-je annoncé à sept heures moins le quart. Nos vies tristes et sans amour nous attendent !

En fait, Sam devait passer à sept heures et je ne tenais pas à le croiser.

— Restez, s'il vous plaît, a supplié Isa.

— On partira quand il arrivera, a proposé Gaëlle. J'aimerais bien revoir ton prince charmant, moi.

— Non, on y va, ai-je insisté en lui prenant le bras.

Isa nous a raccompagnées jusqu'à la porte.

— Tu es toute mignonne, lui ai-je glissé en l'embrassant.

— Elle est craquante, notre petite Isabella, a renchéri Gaëlle.

— Tu sais où il t'emmène ? ai-je demandé.

— Non, je n'en ai pas la moindre idée. Mais peu importe, pour la première fois depuis des lustres, je me sens normale. Plus d'histoire de tumeur, de chimio, de radiothérapie. Juste Sam et moi !

Cela m'a réconfortée ; c'était exactement ce que je souhaitais : lui faire oublier un court instant sa maladie. Ce soir, Isa était simplement une fille de dix-sept ans qui voulait être jolie pour passer la soirée dans les bras du garçon qu'elle aimait.

Vers onze heures, elle m'a appelée.

— Alors, c'était comment ?

— Mer-veil-leux.

— Tu n'étais pas trop sur les nerfs ?

— Non, ça m'a étonnée d'ailleurs, mais Sam est si gentil qu'il m'a mise à l'aise tout de suite. Nous sommes allés manger une pizza au *Soleil d'Italie*, et nous avons discuté comme si nous nous connaissions depuis toujours. Il n'est pas du tout gêné par ma maladie, alors que la plupart des gens craignent tellement de gaffer qu'ils n'osent plus rien dire.

— Et il t'a parlé de lui ?

— Pas beaucoup : il m'a dit qu'il venait de Détroit, qu'il vivait avec son grand-père, et c'est à peu près tout. Mais tu es souvent revenue dans la conversation. Je ne savais pas que vous étiez si copains.

— Mmm, c'est-à-dire que... en fait, nous sommes ensemble en cours d'espagnol.

— Oui, c'est ce que j'avais cru comprendre. En tout cas, il t'aime bien.

Elle s'est arrêtée pour rire doucement et a repris :

— Mais j'ai l'impression qu'il est amoureux de moi. Tu sais, il m'a embrassée.

Ma gorge s'est serrée au souvenir des baisers que *nous* avions échangés.

— Et alors ? ai-je réussi à articuler avec peine.

— Mer-veil-leux. Je ne trouve pas d'autre mot. C'était tout simplement merveilleux.

— Je suis contente pour toi, Isa. Vraiment.

— Au moins, maintenant, je sais comme c'est bon, je ne mourrai pas idiote.

Mourir. Elle employait ce verbe sans ciller.

— Tu crois qu'on le sent quand arrive le grand

amour ? m'a-t-elle demandé.

— Bien sûr. C'est comme dans les romans : le cœur chavire, on voit des étoiles, on entend des violons...

— Bon, il faut que je raccroche, a-t-elle dit en riant. Rosa a peur que je me sois surmenée, elle veut que je prenne ma température !

— En tout cas Sam est le garçon qu'il te faut, Isa.

— Merci d'avoir joué les entremetteuses.

— Comment ça ?

— Eh bien ! tu l'as invité à la fête, tu m'as soutenue moralement, tu m'as aidée à choisir ma tenue...

— Hé, les amies, ça sert à ça, non ?

J'ai reposé le combiné et j'ai enlevé le tee-shirt de Sam, que je portais. J'y ai enfoui mon visage et j'ai fondu en larmes.

Avant qu'il ne soit complètement trempé, je l'ai plié soigneusement et je l'ai rangé au fond d'un tiroir. Là, je ne le verrai plus, je l'oublierai. J'oublierai Sam, ses baisers, sa voix douce, pour le laisser tout entier à mon amie.

J'ai passé une autre chemise de nuit et je me suis jetée sur mon lit pour y sangloter tout mon saoul.

« Soudain, je n'avais plus la moindre envie de le partager, je le voulais pour moi seule. »

11

Le mois suivant, j'ai vu Isa plus rarement parce qu'elle passait tout son temps avec Sam. Elle avait l'impression d'être de plus en plus amoureuse de lui, et j'étais contente pour elle.

Cependant, son état empirait. Elle avait subi plusieurs crises chez elle et depuis, elle traînait légèrement la jambe droite. Parfois, elle avait un peu de mal à articuler, elle cherchait ses mots. Mais malgré les migraines, l'amaigrissement et la fatigue, je ne l'avais jamais vue si heureuse. Elle riait tout le temps, menait une vie trépidante, comme si elle essayait de profiter au maximum de chaque instant.

Parfois je croyais repérer une faille dans son bonheur, un signe que quelque chose clochait… pourtant, je me raisonnais : *il ne faut pas que je sois jalouse. C'est moi qui ai voulu partager Sam avec ma meilleure amie. Sam et moi, nous avons toute la vie devant nous pour nous aimer, alors que pour Isa le temps est compté.*

Petit à petit, je me suis habituée à voir Sam et Isa main dans la main, chuchoter, rire, se câliner. Je ne lui parlais plus qu'en présence d'Isa. Il ne me disait même plus bonjour lorsqu'il me croisait. Dès le début, il m'avait prise à part pour me confier qu'il devait garder ses distances avec moi tant qu'il sortait avec Isa. Sinon ce serait trop dur, trop compliqué à gérer. Il ne me voulait même plus comme amie.

Cela m'avait blessée. Mon cœur se serrait de douleur quand je pensais à lui. Il me manquait terriblement. Mais ce n'était rien comparé à ce qu'Isa endurait sans se plaindre. Il fallait que je me le répète sans cesse pour ne pas hurler lorsqu'ils s'embrassaient. Il était si tendre avec elle que je me demandais s'il m'avait vraiment aimée un jour.

La jalousie m'emportait, mais un bref regard au visage pâle d'Isa, à ses yeux cernés sous sa casquette de travers, et je m'en voulais d'avoir osé lui envier son seul bonheur. Au fond, je n'étais qu'un monstre d'égoïsme !

Un jour où notre petite bande discutait dans la cafétéria, Isa a raconté une histoire drôle. Nous avons tous éclaté de rire, et brusquement Sam s'est penché vers elle, il a pris son visage entre ses mains et l'a embrassée longuement, passionnément.

Mais, pendant qu'il l'embrassait, il me fixait, moi, droit dans les yeux. Et j'ai cessé de me sentir noble et généreuse, je n'étais plus que jalousie.

Je me suis levée précipitamment et j'ai quitté la salle.

Un soir, j'étais en train de rédiger une dissertation, quand j'ai entendu un bruit de moteur familier. Par la fenêtre de ma chambre, j'ai aperçu Sam qui parlait à Sarah devant la maison. Ma mère est venue frapper à ma porte.

— Al ?

— Mmm, j'ai entendu la moto, ai-je grommelé.

— Je lui dit que tu arrives ?

— Non. S'il te plaît, dis-lui que je ne suis pas là, d'accord ?

Maman est entrée dans la chambre et s'est assise sur mon lit.

— Al, qu'est-ce qui se passe ?

— Rien. Mon plan fonctionne à merveille. Isa est folle amoureuse de Sam, et je n'ai plus rien à voir là-dedans. Point.

— Et si Sam n'est pas amoureux d'Isa, lui ? Et s'il vient te dire qu'en fait ça ne marche pas ? Tu ne veux pas faire de peine à Isa quand même ?

— Bon, comme d'habitude, tu as gagné, maman, ai-je soupiré. Je vais aller lui parler. Mais, je t'en prie, ne l'invite pas à dîner.

— De toute façon je n'oserais pas, parce que ce soir on mange des restes de ragoût.

Avant de sortir, j'ai jeté un coup d'œil à mon reflet dans le miroir. J'avais l'air... j'avais l'air d'un reste de ragoût justement. Mais cela n'avait plus aucune importance.

— Qu'est-ce qui se passe, Sam? l'ai-je questionné en le rejoignant dehors.

Sarah était juchée sur sa moto.

Sam gardait les mains dans ses poches, l'air gêné.

— J'aurais voulu qu'on discute un peu.

— Je n'ai pas vraiment le temps car je dois finir une dissertation pour demain, Sam.

— Juste cinq minutes, s'il te plaît. Tu sais, je sors de chez Isa...

— Elle va bien? me suis-je inquiétée.

— Mmm, elle est fatiguée et sa jambe droite est de plus en plus engourdie. Mais tu connais Isa, elle fait toujours comme si elle n'avait aucun problème! En revanche, moi, je ne sais pas mentir.

— Sam, arrête. Ce n'est pas le moment de parler de ça.

— Mais il le faut, Alison.

Sans ajouter un mot, j'ai ouvert la porte de la maison et je l'ai entraîné dans l'entrée.

— Sam, voici ma mère. Maman, je te présente Sam.

— Euh... Bonjour, vous êtes le docteur

Chapman, je présume? a bredouillé Sam en lui serrant la main.

— À la maison, j'essaye d'être plutôt la mère de Sarah et d'Al! C'est dommage que leur père ne soit pas là, il avait une Harley dans le temps.

Sam a eu l'air impressionné, aussi l'ai-je vite détrompé :

— Mais il l'a revendue pour acheter une Coccinelle! Viens, on va discuter tranquillement sous la véranda.

D'un regard, j'ai signifié à ma mère que nous voulions être seuls. Nous nous sommes installés près de la table de jardin, sur des fauteuils en rotin. Sam a engagé la conversation :

— Alison, tu me manques.

— Toi aussi, tu me manques, Sam.

— Au début, je t'en voulais d'avoir mis sur pied ce plan idiot. Mais maintenant je me suis calmé, et ça me fait mal de ne plus pouvoir te parler.

— Mais alors, pourquoi tu m'évites?

— Parce que je ne sais plus où j'en suis.

Je tapotais nerveusement la table.

— Isa est amoureuse de toi, tu sais.

— Oui, mais je ne suis toujours pas convaincu que l'on ait raison de lui mentir.

— Pourquoi?

— Parce que je… je suis perdu. Tu me manques énormément, Al.

— Écoute, l'important, en ce moment, c'est Isa. Pas nous.

— D'accord, mais je crois qu'Isa aussi mérite de connaître la vérité, même si c'est dur.

— Enfin, Sam, pourquoi compliques-tu les choses ? Tout marche bien, Isa est heureuse. C'est parfait.

Il s'est penché en avant pour mieux me dévisager.

— Je ne sais pas comment t'expliquer cela, Al…

— Mais je me fiche de ce que tu ressens pour l'instant, l'ai-je coupé brutalement. Nous aurons tout le temps…

— Tu ne comprends pas. Je t'aime, ça c'est certain. Mais, en fait, je crois que je suis en train de tomber amoureux d'Isa également.

Son regard, lourd de tristesse, implorait mon pardon. Mais je n'ai pas réagi pour ne pas lui montrer que je brûlais de faire machine arrière, d'oublier ce plan cruel. Je n'admettais pas qu'il tombe amoureux d'Isa. Qu'il l'aime bien, d'accord, mais pas qu'il l'aime tout court. Soudain, je n'avais plus la moindre envie de le partager, je le voulais pour moi seule.

Je crois que je ne me suis jamais sentie aussi méprisable qu'à cet instant-là.

J'ai serré sa main dans la mienne et je me suis efforcée d'avoir l'air naturelle :

— C'est merveilleux. Notre plan fonctionne encore mieux que je ne l'avais espéré. Isa est quelqu'un d'extraordinaire, c'est normal que tu sois tombé sous son charme.

— Al, c'était avec toi que je voulais vivre cette histoire d'amour!

— Au contraire, c'est parfait, tu n'as même plus besoin de mentir.

Sam a tapé du poing sur la table et s'est levé, furieux.

— Je ne suis pas comme toi, Alison. Je préfère les relations claires et simples. Je t'aimais et tu as tout gâché.

— Mais l'amour, ce n'est jamais simple...

— Et Isa dans tout ça? On joue la comédie comme si elle n'avait qu'une vilaine grippe. Elle rêve déjà de mariage... tu crois que c'est honnête de lui mentir ainsi?

Serrant les poings, j'ai réussi à rétorquer :

— Où est le problème? Tu aimes vraiment Isa et personne ne lui a promis qu'elle allait guérir, donc on ne lui ment pas. Je ne vois pas pourquoi elle n'aurait pas le droit d'être heureuse!

— Mais ce n'est pas juste de sacrifier ton bonheur pour elle. C'est ta meilleure amie, elle va se rendre compte que tu es triste. Ou pire, elle va tout comprendre quand, un jour en l'embrassant, je vais murmurer ton nom.

— Et pourquoi tu ne l'embrasserais pas en prononçant son nom, puisque tu l'aimes? ai-je répliqué calmement. En fait, je crois que tu as peur de tes sentiments.

— Oui, justement, que va-t-il se passer quand elle... si elle...

— Tais-toi, s'il te plaît.

— Mais si je tombe vraiment amoureux d'elle, Al? a-t-il murmuré.

— Alors, c'est que tu n'étais pas vraiment amoureux de moi.

Sam a tourné les talons et a contourné la maison à grands pas. Je l'ai suivi.

Sarah, toujours perchée sur la Harley, a demandé :

— Comment va Morgan?

— Bien. Il s'est beaucoup amusé avec toi, l'autre soir.

— Je pourrais peut-être revenir, un jour?

— Mmm.

Sam a mis son casque tandis qu'elle descendait de moto à regret.

— Il est vraiment en forme? ai-je insisté.

Sam m'a lancé un regard noir avant de répondre :

— Oui, ça va. Nous avons eu une longue discussion et il m'a promis de rester tranquille.

— Isa m'a raconté qu'il avait de nouveau fait des siennes...

— Je t'ai dit que tout allait bien, m'a coupé Sam en démarrant la moto.

— Si tu as besoin de moi...

— Non, merci.

Il a adressé un petit signe à Sarah, et s'est évanoui dans un nuage de fumée. Elle l'a regardé s'éloigner, l'air pensif.

— Il y a un truc que je ne comprends pas, Al.

— Quoi?

— Qu'est-ce qui se passe entre Sam, Isa et toi?

— Eh bien, il aime Isa maintenant.

— Mais je croyais qu'il était amoureux de toi, s'est-elle étonnée, fronçant les sourcils.

Elle devait se douter que je ne lui disais pas la vérité, sans savoir exactement pourquoi.

— C'est compliqué, Sarah, ai-je commencé en m'asseyant sur le perron. Passé un certain âge, plus rien n'est simple! J'aurais aimé rester toujours petite!

— Ce n'est pas génial d'avoir dix ans! C'est même nul. Personne ne fait attention à moi!

Elle a tiré son ballon de basket des buissons et, en commençant à dribbler, elle m'a demandé innocemment :

— Tu crois qu'on pourrait passer voir Morgan et ses animaux un de ces jours?

— Un jour peut-être, mais pas tout de suite.

Elle dribblait de plus en plus vite, décrivant des cercles serrés dans l'allée.

— Al, je vais participer à un grand tournoi de basket… Tu voudrais assister à un match, un samedi matin ?

— Bien sûr !

— Vraiment ?

— Avec plaisir, Sarah.

— Tu veux jouer un peu avec moi ?

— Non, j'ai une dissertation à finir, ai-je expliqué en regagnant la porte d'entrée.

— Eh, Al ! Pourquoi on ne peut pas rendre visite à Morgan ?

— Écoute, c'est un peu…

— C'est compliqué, je sais. Tant pis, a-t-elle soupiré en haussant les épaules.

Une quinzaine de jours plus tard, un vendredi après-midi, Isa et moi sommes allées nous promener sur la plage des tortues.

— Il n'y a pas encore de nids, a-t-elle soupiré en se laissant tomber sur le sable chaud.

— C'est trop tôt. Tu es fatiguée ?

— Non, j'ai juste envie de lézarder au soleil.

Elle manquait de plus en plus souvent les cours car une journée de lycée l'épuisait complètement. Elle avait l'air si faible que je comprenais que Rosa veuille la garder au lit. Son visage creusé lui donnait l'air d'une petite fille perdue.

Je me suis assise à ses côtés et, sans parler, nous

avons contemplé un magnifique château de sable fondre lentement sous les assauts répétés des vagues.

— Ça y est. J'ai dit à Sam que je l'aimais, m'a-t-elle annoncé brusquement. Et il m'a répondu qu'il avait bien peur d'être amoureux de moi. Ça doit signifier « je t'aime » pour un garçon, non ?

Les yeux rivés au sol, j'ai péniblement réussi à articuler :

— Je suis contente pour toi, Isa.

— Tu trouveras aussi le garçon qu'il te faut, m'a-t-elle assuré.

— Mmm.

— Même mes parents l'adorent. C'est merveilleux, c'est presque trop beau pour être vrai !

— Mais non, Sam a quand même quelques défauts, ne t'inquiète pas !

Elle a éclaté de rire, puis le silence est retombé. Les yeux perdus à l'horizon sur l'océan calme et plat, nous réfléchissions. C'était la première fois que nous revenions là depuis le jour où elle m'avait révélé sa maladie.

— Quand je mourrai, je veux qu'on éparpille mes cendres sur cette plage, m'a-t-elle annoncé soudainement.

Un frisson m'a parcourue. Pour elle, c'était sûr ! Elle ne disait pas *si*, mais *quand*...

— Pas dans l'eau, continuait-elle, c'est trop

commun. Sur la dune, là où nous avons trouvé le nid de tortues.

Je fixais le château de sable, qui n'était plus qu'une forme douce et lisse, comme une sculpture moderne.

— Je ne veux pas être enterrée au fond d'un trou. Pourtant, si je suis incinérée, c'est idiot, je sais, mais j'ai peur d'avoir mal, ai-je avoué.

— De toute façon, c'est scientifique : « Rien ne se perd, rien ne se crée, tout se transforme. » C'est le grand cycle de l'univers.

Elle s'est retournée pour me regarder bien en face :

— Tu crois qu'il y a quelque chose après la mort, Alison ?

— Je ne sais pas... J'aimerais me retrouver dans un endroit où je n'aurais plus d'acné et où je pourrais manger ce que je veux sans grossir, ai-je plaisanté. Mais il n'y a pas de religion avec un tel paradis !

— Rosa est catholique. Elle va à l'église au moins trois fois par semaine pour prier pour moi. Ça m'énerve. Je lui répète que je ne crois qu'en la science, mais elle ne veut rien entendre.

Elle essayait de me faire comprendre qu'elle connaissait la vérité. Depuis le début, elle savait qu'elle allait mourir, et pourtant ni ses parents, ni moi, ni même Sam ne voulions l'admettre. Nous étions tous lâches et, jusque là, Isa avait joué le jeu pour ne pas nous blesser.

Mais, maintenant, elle en avait assez.

Ma gorge se serrait et j'avais les larmes aux yeux. C'était le moment de l'aider, mais je ne me sentais pas à la hauteur.

Ce n'est pas mon rôle, me répétais-je. *Elle devrait parler de ça avec ses parents.*

Mais à quoi servent les amis, si ce n'est à discuter des sujets que l'on n'ose pas aborder avec ses parents ? À recevoir des confidences comme « Je sais que je suis en train de mourir et ça me fait peur ».

Mais je ne trouvais rien pour la rassurer, pas de joli mensonge, de proverbe de grand-mère ou de plaisanterie idiote. Rien.

D'habitude, je suis plutôt douée pour dire aux gens ce qu'ils veulent entendre. Mais là, je n'avais pas la moindre idée de ce qu'elle attendait de moi.

En gardant les yeux dans le vague, j'ai commencé :

— Isa, je me demande toujours pourquoi tu ne m'as pas dit plus tôt que tu étais malade.

— Qu'est-ce que cela aurait changé ?

— Je n'aurais pas eu l'impression d'avoir été trahie.

— Tu m'en as voulu ?

— Un peu, sur le coup. Mais après, j'ai compris que tu avais voulu me protéger.

Les vagues venaient d'engloutir les dernières ruines du château de sable. Isa s'est éclairci la gorge avant de m'annoncer :

— Tu sais, Al, ma mère veut partir pour Miami…

Pour la première fois, j'ai eu l'impression qu'Isa allait craquer. Secouée de frissons, elle s'était roulée en boule. Ses lèvres tremblaient car elle s'efforçait de retenir ses larmes. On aurait dit une petite statuette de porcelaine fêlée. Si elle se mettait à pleurer, elle s'effriterait dans le sable, et je n'arriverais pas à recoller les morceaux.

— Pourquoi, Isa ? Dis-moi, ai-je murmuré.

— Elle pense que les médecins sauront mieux s'occuper de moi là-bas… mais je ne veux pas y retourner, Al. Je ne veux pas mourir dans une chambre d'hôpital !

Elle a laissé échapper un petit sanglot, comme si elle n'avait même plus la force de pleurer. Alors je l'ai serrée dans mes bras. J'avais du mal à trouver mes mots, mais j'ai réussi à chuchoter :

— Où que tu ailles, je viendrai avec toi, promis.

— C'est impossible, tu dois aller en cours. Qui sait ? Je mourrai peut-être dans mon sommeil, dans mon lit. Ce serait bien.

Elle a fermé les yeux, essayant désespérément de se reprendre. Gênée, elle a essuyé ses larmes et s'est dégagée de mon étreinte pour se remettre debout.

— Je suis vraiment désolée de m'être apitoyée sur mon sort, Al. C'est ce traitement qui me porte sur les nerfs.

— Tu n'as pas besoin de t'excuser.

Je me suis relevée à mon tour, farfouillant dans mon sac à dos pour gagner du temps. Quelle lâcheté ! J'avais encore évité la vérité par facilité. Pourtant, c'était le moment ou jamais d'être franche, même si c'était dur. Je me suis donc forcée à affronter son regard anxieux.

— Tu sais, Isa, je crois que, quand quelqu'un meurt, c'est comme… comme avec les tortues.

J'avais peur qu'elle ne me rie au nez, mais elle a attendu que je m'explique :

— Voilà : nous devons préserver chaque espèce animale pour les générations futures, pour que nos enfants aient une chance de connaître tous les animaux. Et c'est pareil pour nous : nous devons essayer de faire vivre la mémoire des gens que nous aimons, même quand ils ont disparu.

Je fixais l'endroit où se tenait le château quelques instants auparavant. Les vagues l'avaient complètement aplani, elles avaient effacé sa trace sur le sable mouillé.

— Je ne sais pas ce qu'il y a après la mort, Isa.

Mais en tout cas, même si tu t'en vas, tu resteras toujours dans mon cœur. À jamais.

Je me suis tue un instant, avant de reprendre :

— Excuse-moi. Je ne sais pas quoi dire. Ou plutôt, je ne sais pas comment te le dire.

— Mais si, avec tes mots à toi, tu m'as dit la vérité, et ça me touche beaucoup.

« Il est sorti de
la voiture en claquant
la porte.
J'avais l'impression
qu'il pleurait. »

12

Le lendemain matin, la sonnerie du téléphone m'a tirée de mes rêves. Une pluie drue battait sans répit la vitre de ma chambre.

J'attendais que Sarah aille décrocher quand, soudain, je me suis rappelée qu'on était samedi. Mes parents avait dû la déposer à son tournoi de basket avant de se rendre à leur cabinet. Aussitôt, je me suis précipitée sur le combiné.

— Allô, ai-je grogné d'une voix endormie.

— Alison ? C'est Sam.

Comme une douche froide, l'angoisse m'a immédiatement réveillée.

— Qu'est-ce qui se passe ? Isa a eu une crise ?

— Non, non, Isa va bien. C'est Morgan…

Sa voix s'est perdue sous le vacarme d'une perceuse.

— … excuse-moi, je suis au garage. J'aurais bien appelé Isa mais, hier soir, elle était vraiment épuisée, alors…

— Morgan a des ennuis ?

— Oui, il a voulu joué les cow-boys avec Clémentine, et la police l'a encore arrêté ! a-t-il soupiré. Il m'avait pourtant promis de se tenir tranquille !

— Je vais m'en occuper, ne t'inquiète pas.

— Jane ne peut pas parce qu'elle a prêté sa voiture à sa fille. Ça m'ennuie de te demander ça, mais mon patron me mettra dehors si je m'absente à nouveau.

— Ça ne me dérange pas, Sam, vraiment. Morgan est sympa.

— Tu veux bien aller le chercher ? Si tu dois payer une amende, je te rembourserai.

Il avait l'air si désemparé que j'ai eu pitié de lui.

— Je le reconduis au mobile home et je reste avec lui jusqu'à ce que tu rentres. Ne t'en fais pas. Il m'apprendra à jouer au poker.

— Merci, je te revaudrai ça. Je reviens le plus tôt possible.

— Allez, Sam, retourne à ton boulot, je me charge de tout. Pas de problème.

Je me suis habillée en vitesse, sans oublier mon K-Way et mes bottes de cheval. J'ai pris au passage une barre de céréales pour moi et une pomme coupée pour Clémentine, puis je suis partie à la recherche des clefs du break. J'ai finalement mis la main dessus au bout d'un quart d'heure, et j'ai filé dans l'écurie pour donner du foin et de l'eau à Snickers. À ma grande surprise, c'était déjà fait. De plus, le box était nettoyé et paillé de frais. Sarah ?

J'ai attrapé une longe et j'ai couru à la voiture. Elle a hoqueté, toussé deux ou trois fois avant de daigner démarrer. La pluie tombait à verse et les vitres étaient déjà embuées. Décidément, la journée s'annonçait bien !

Repérant Clémentine attachée à un arbre près du poste de police, j'ai vite garé la voiture et je suis allée la réconforter avec quelques morceaux de pomme. Elle avait l'air un peu dépassée par les événements mais contente, tout comme Morgan lorsque je l'ai retrouvé, tranquillement assis dans un coin du commissariat.

— Morgan, vous vous souvenez de moi ? Alison... l'ai-je questionné en m'agenouillant près de lui.

Les yeux dans le vague, il a répondu :

— En route pour Las Vegas !

— Et si on rentrait plutôt à la maison, retrouver Cha-cha et les chiens ? Vous ne pouvez pas partir sans eux.

— Vous avez déjà joué au poker ?

— Non, mais vous pourriez m'apprendre. D'accord ?

— D'accord, a-t-il acquiescé placidement.

Je me suis approchée du bureau de l'un des policiers. Il m'a interrogée pour remplir un dossier sur son ordinateur.

— Quel âge il a, ce monsieur ? Un bon siècle ?

— Je ne sais pas. Il a eu une vie bien remplie. Mais, excusez-moi, vous n'avez pas trouvé un perroquet ou des chiens lorsque vous l'avez arrêté ?

— Non. Vous voulez aussi signaler la disparition d'un perroquet ?

Il ne souriait plus, j'ai donc décidé de m'éclipser rapidement, en donnant le bras à Morgan.

— En route pour l'aventure ! répétait-il avec un sourire ravi.

Finalement, j'ai convaincu un policier de reconduire Morgan au mobile home pour que je puisse me charger de Clémentine. J'ai laissé ma voiture près du poste de police et je suis rentrée à cheval sous la pluie battante.

Quand je suis arrivée, Jane s'occupait déjà de Morgan. J'ai mis Clémentine à l'abri et je l'ai dessellée avant de rentrer dans le mobile home.

— Ma pauvre, je vais vous faire une bonne tasse de thé pour vous réchauffer, s'est exclamée la sympathique vieille dame.

— C'est une excellente idée ! ai-je approuvé en ôtant mon K-Way et mes bottes trempés.

— Quel dommage que je n'aie pas ma voiture! Celle de ma fille est en panne, alors je lui ai prêté la mienne pour la semaine. Sinon je vous aurais reconduite au poste de police pour que vous puissiez rentrer chez vous.

Pendant que l'eau bouillait, nous avons commencé une partie de poker pour faire plaisir à Morgan. Il s'était endormi avant que la bouilloire ne siffle. Je l'ai bordé avec sa vieille couverture en patchwork, et les chiens se sont blottis contre lui.

— Qu'est-ce qui s'passe? a demandé Cha-cha.

— Chut, Morgan dort, a grondé Jane.

— C'est gentil de prendre soin de Morgan, ai-je chuchoté tandis que nous nous installions toutes les deux près du petit poêle.

— J'ai l'habitude, parce que mon mari a souffert de la maladie d'Alzheimer. Et puis je trouve que Sam a bien du courage d'essayer de se charger de son grand-père. Mais il se tue à la tâche entre le garage et Morgan! En plus, le lycée lui fait des ennuis...

— Il a des problèmes? me suis-je inquiétée entre deux gorgées de thé.

Je serrais la tasse brûlante dans mes mains pour les réchauffer.

— Si j'avais su qu'ils voulaient le renvoyer, je me serais arrangée pour garder Morgan toute la journée.

— Il a été exclu?

— Oui, il ne vous l'avait pas dit ? Bravo, Jane ! Encore une gaffe ! J'aurais mieux fait de me taire. Mais, de toute façon, vous auriez bientôt été au courant.

Le vrombissement caractéristique de la Harley s'est alors fait entendre, puis s'est arrêté dans un crissement de gravier. Sam a aussitôt fait irruption dans le mobile home, laissant entrer une bouffée d'air pluvieux. Il s'est précipité au chevet de son grand-père, qui ne s'est même pas réveillé, puis il s'est tourné vers nous :

— Je suis vraiment désolé, mon patron ne voulait pas me laisser partir plus tôt… Est-ce que Morgan va bien ?

— Ça va. Il s'est bien amusé ce matin, je crois.

— Et que t'ont dit les policiers ?

— Rien de spécial. Ils en voient d'autres, tu sais.

— Pourtant, il avait fait un effort ces derniers temps, n'est-ce pas Jane ? Il restait tranquille à regarder la télé. Je pensais qu'il avait compris, a-t-il soupiré. Je vais devoir me débarrasser de ce maudit cheval !

Jane a ébouriffé gentiment ses cheveux mouillés, en le raisonnant :

— Sam, cette vieille jument n'y est pour rien. Le problème n'est pas là.

— Tiens, justement, où est cette chère

Clémentine ?

— Sous l'auvent, je l'ai ramenée du poste de police, ai-je expliqué.

— Ma pauvre, c'est pour ça que tu es trempée. Et ta voiture est restée là-bas, je suppose ? m'a-t-il questionnée, sans cesser d'arpenter la minuscule caravane.

J'ai acquiescé d'un signe de tête en sirotant mon thé. Le mobile home, déjà secoué par les torrents de pluie qui s'abattaient sur son toit, tremblait sous les pas de Sam.

— Je peux t'y conduire à moto, a-t-il proposé.

— Attendez que l'averse se calme, les enfants, a conseillé Jane. C'est dangereux de prendre la route par un temps pareil. Et puis vous allez être trempés !

— Hum ! je crois que c'est déjà fait, ai-je soupiré en haussant les épaules.

— Je dois m'arrêter à l'épicerie en revenant. Tu as besoin de quelque chose, Jane ? s'est enquis Sam.

— Quelle tête de mule ! Bon, puisque tu ne veux rien entendre, ramène-moi un litre de lait écrémé, s'il te plaît. Je reste avec Morgan le cow-boy en t'attendant.

— Merci, Jane, a-t-il chuchoté en lui déposant un timide baiser sur la joue.

En chemin, submergés par des trombes d'eau, nous n'avons pas échangé un mot. En arrivant au poste de police, je claquais des dents malgré la chaleur. Je suis descendue de moto et j'ai rendu le casque à Sam en demandant :

— Tu as une minute ?

— Je te dois bien plus que ça.

Nous nous sommes installés dans le break, soulagés d'être enfin au sec. J'ai mis le contact et allumé le chauffage.

— Pourquoi tu nous a caché que tu avais été renvoyé ? Tu aurais pu nous le dire, à Isa ou à moi.

Sam a haussé les épaules.

— Ça date seulement d'avant-hier. Et puis, je n'aurais pas supporté d'entendre une fois de plus « Je te l'avais bien dit ».

— Comment ça ?

— Ils ont téléphoné à ma mère et l'ont prévenue que j'étais exclu. Alors elle m'a appelé pour me faire la leçon, me répéter que j'étais fou, qu'il valait mieux que Morgan aille en maison de retraite bien que cela ne la réjouisse pas, et patati et patata…

En tapotant nerveusement le tableau de bord, il a poursuivi :

— Excuse-moi, j'aurai dû t'avertir, mais j'en ai assez qu'on me dise ce qui est mieux pour moi. Moi, j'aimerais faire ce qui est le mieux pour Morgan !

— Tu as raison, je suis sûre que tu vas trouver une solution, ai-je répondu pour le réconforter.

— Merci, heureusement que, toi, tu me soutiens.

— Qu'en pense Isa ?

— Nous n'en avons pas vraiment discuté. Elle est très fatiguée en ce moment, alors je n'ai pas envie de l'embêter avec mes histoires.

En apercevant le policier à qui j'avais eu affaire le matin, je me suis rappelée Morgan assis dans un coin, perdu et vulnérable comme un petit enfant... et brusquement j'ai compris que Sam ne s'en sortirait pas seul.

— Sam, je crois que tu ne pourras pas y arriver seul. Il faut regarder la vérité en face : Morgan a besoin d'une attention constante, tu ne peux pas t'occuper de lui jour et nuit. Ta mère a raison. Tu vas t'épuiser, et tu risques d'aggraver son état finalement.

Il m'a dévisagée avec un regard si peiné que j'ai regretté mes paroles. J'ai voulu lui prendre la main, mais il m'a repoussée.

— Sam, tu as fait tout ce que tu as pu. Tu t'es bien débrouillé, mais tu ne peux pas empêcher Morgan de vieillir, c'est comme ça. C'est la vie. Écoute, Rosa travaille dans une maison de retraite, ta mère pourrait peut-être la contacter...

Sam ne répondait pas.

Soudain, j'ai réalisé que, si Morgan partait en maison de retraite, Sam n'aurait plus de raison de rester en Floride — à part Isa et peut-être moi. Je le perdrais pour toujours. Enfin, je l'avais déjà sûrement perdu.

— Je suis désolée, Sam. J'essayais juste d'être franche avec toi.

— Je croyais que ta spécialité c'était le mensonge, Alison, m'a-t-il lancé, cinglant. En principe, quand on aime quelqu'un, on ne change pas d'avis tout à coup. On ne lui dit pas : « Tiens, et si tu sortais avec ma meilleure amie plutôt qu'avec moi ? » Et puis on ne pense pas « Tiens, ce vieux bonhomme me dérange, je vais l'enfermer à l'asile pour m'en débarrasser. » Ce n'est pas franc, ni honnête.

Et il est sorti de la voiture en claquant la porte.

J'avais l'impression qu'il pleurait. Ou c'était peut-être la pluie.

Je suis restée pensive pendant un moment avant de démarrer. J'aurais pu inventer plein de mensonges réconfortants pour le consoler. Ça fait tellement mal de voir quelqu'un qu'on aime souffrir ainsi.

Quand je suis rentrée à la maison, j'ai trouvé ma mère dans la cuisine, encore en blouse de vétérinaire.

— Te voilà déjà ? Mais Sarah n'est pas avec toi ? s'est-elle étonnée.

— Oh, non ! Elle va me tuer !

— Tu as oublié son tournoi ?

— J'ai eu un imprévu : le grand-père de Sam a été arrêté… enfin, bref, c'est une longue histoire. Tu crois que je peux la rejoindre maintenant ?

— Le match doit finir dans quelques minutes, chérie. C'est bête. Elle comptait vraiment sur toi. Elle se sent un peu délaissée en ce moment.

— Je sais. Je vais essayer de me faire pardonner.

J'étais sur le point de repartir quand ma mère m'a retenue.

— Chérie, je dois te dire quelque chose.

À son air peiné, j'ai aussitôt compris de quoi il s'agissait.

— Oh, non ! C'est Isa ?

— Lauren m'a appelée au cabinet ce matin parce qu'elle n'arrivait pas à te joindre et qu'elle ne voulait pas laisser de message sur le répondeur. Isa a eu une nouvelle crise, assez grave cette fois-ci. Ils l'emmènent à Miami pour lui faire subir d'autres examens.

— Quand part-elle ?

— Une ambulance est passée la chercher immédiatement, m'a expliqué maman en me posant la main sur l'épaule. Ça va aller, Alison. C'est juste une petite rechute…

— Mais elle ne veut pas aller là-bas. Elle me l'a dit.

— Lauren pense que les médecins sont plus

compétents dans ce service spécialisé. Ils sauront mieux la soigner.

— Il faut que j'aille la voir.

— Nous pourrions peut-être y faire un saut le week-end prochain ? Je ne prendrai pas de rendez-vous pour samedi et je t'accompagnerai, d'accord ?

— Non, maman, je veux la voir tout de suite. Laisse-moi y aller avec le break.

— Alison, sois raisonnable, m'a suppliée ma mère en s'appuyant au bar de la cuisine.

Ses yeux étaient embués de larmes. Dehors, le tonnerre grondait et faisait trembler les vitres.

— Écoute, ce serait de la folie de conduire ce vieil engin par un temps pareil.

— Tu me laisses bien le prendre pour aller au lycée.

— Mais ce n'est pas une si longue route. Chérie, tu n'es pas à quelques jours près !

— Si, justement. J'ai promis à Isa de rester toujours auprès d'elle, maman.

— Je suis désolée, Alison, mais la réponse est non.

Je me suis mordu la lèvre nerveusement avant de demander :

— Lauren a prévenu Sam ?

— Elle a essayé, mais personne ne répondait.

J'ai aussitôt téléphoné au mobile home. C'est Jane qui a décroché.

— Allô, ici Alison. Est-ce que Sam est rentré ?

— Non, pas encore. Vous voulez que je lui laisse un message ?

— Non, je rappellerai, merci.

J'ai raccroché puis je me suis retournée vers ma mère.

— Je monte me changer et je vais récupérer Sarah, ai-je annoncé.

Maman a hoché la tête. J'ai remarqué qu'elle pleurait sans bruit. En fait, elle était aussi triste et perdue que moi. Elle m'a serrée dans ses bras, et cela m'a réconfortée, même si je savais que, cette fois-ci, elle ne pourrait consoler mon chagrin.

« J'avais envie de lui crier : " Sam, s'il te plaît pardonne-moi, tu me manques. Faisons la paix… " »

13

Sarah attendait à la sortie du gymnase, le visage fermé, un petit trophée argenté à la main.

Elle est montée dans la voiture et claqué à la porte.

— On a gagné, mais ça ne t'intéresse pas, bien sûr !

— Sarah, écoute, je voulais venir mais j'ai eu un empêchement.

— Arrête de me prendre pour une idiote, Al !

— C'est à cause de Morgan. Il est à nouveau parti se balader sur Clémentine, et la police l'a arrêté. J'ai dû aller le récupérer au poste parce que Sam était coincé à son travail.

Sarah a enfin daigné m'adresser un regard.

— Morgan n'a rien ?

— Il va bien, mais j'aurais aimé que tu sois là pour m'aider, il était un peu perdu. Toi, tu sais bien t'y prendre avec lui.

Elle a esquissé un sourire.

— Tu me montres ton trophée ?

Elle m'a tendu la petite statuette en métal argenté, représentant une jeune basketteuse.

— C'est débile, je sais, s'est-elle excusée.

— Tu es douée. Moi, je n'ai jamais gagné la moindre petite médaille !

En la lui rendant, j'ai remarqué qu'elle portait du vernis à ongles nacré.

— Oh ! tu te vernis les ongles, miss !

— Mmm, c'est Kelly qui m'a prêté du maquillage.

— Je t'ai un peu oubliée ces derniers temps, n'est-ce pas ?

Elle a hoché la tête, les yeux emplis de larmes.

— J'étais préoccupée par toutes ces histoires avec Isa et Sam…

— Non, tu m'as laissée tomber bien avant, quand tu es entrée au lycée, a-t-elle murmuré. Tu… tu as tellement changé, je ne peux plus te suivre !

— Mais tu n'es pas censée faire les mêmes choses que moi, Sarah, ai-je expliqué en lui ébouriffant les cheveux. Tu n'as que dix ans. Chaque chose en son temps !

— Pourquoi ?

— Eh bien, quand on grandit, il ne faut pas brûler les étapes. C'est un peu comme au Monopoly, sauter une case, c'est tricher.

— Parfois, j'ai l'impression que tu ne vis pas sur la même planète que moi.

— C'est pareil pour moi, ai-je répliqué en riant.

— Tu sais, je ne suis plus un bébé, tu peux me confier des choses.

— D'accord.

Cela m'a fait penser à Isa, coincée dans une ambulance qui l'emmenait de force loin de ses amis.

— Sarah, Isa a eu une nouvelle crise. Elle est retournée à l'hôpital de Miami.

— Alors, elle va…

— Je ne sais pas.

Sarah a hoché la tête.

— Al, je ne t'en veux pas pour le match. J'ai compris… la vie, c'est parfois compliqué.

À mi-chemin de la maison, la voiture a commencé à hoqueter, comme si elle avait avalé de travers. Elle a toussé, soufflé, puis a rendu l'âme juste au moment où je me rangeais sur le bas-côté.

J'ai adressé une petite moue désolée à ma sœur en soupirant :

— Et bien sûr, il pleut à verse !

— Il y a une station service à environ deux kilomètres, Al. On a de la chance dans notre malheur !

— Je crois que c'est un jour maudit.

— Tu veux que j'aille chercher de l'aide?

— Non, on y va ensemble, ai-je répondu en allumant les feux de détresse.

Nous avons avancé le long de la route sous la pluie. Chaque voiture qui passait nous éclaboussait copieusement. C'est alors que Sarah a remarqué la Harley de Sam. Elle nous a dépassées puis, après un demi-tour sur les chapeaux de roue, elle est venue s'arrêter à notre niveau. Un sac de courses était noué au guidon.

— C'est à mon tour de vous sauver, a commenté Sam froidement. Je vous dépose au mobile home pour que vous téléphoniez à vos parents. Je prends Sarah en premier.

Visiblement toujours en colère après moi, il a démarré en me lançant :

— Ne bouge pas, je reviens.

J'ai continué à avancer le long de la route et, au bout de quelques minutes, il était de retour. Je suis montée derrière lui, j'ai passé les bras autour de sa taille… et je me suis mise à pleurer. Il ne manquait plus que ça!

— L'état d'Isa a empiré, ai-je sangloté contre son blouson déjà trempé. Ils l'emmènent à Miami.

Sam a hoché la tête et a redémarré sans un mot.

Le mobile home affichait complet : entre Morgan, Jane, Sarah, les chiens et le perroquet, il restait à peine assez d'espace pour ouvrir la porte.

Sam a jeté son blouson dans un coin et m'a enfin demandé :

— Quand Isa est-elle partie ?

— Ce matin. Lauren n'a pas réussi à te joindre pour te prévenir.

Je me suis assise entre les deux caniches, au pied du lit de Morgan. Je ne pouvais pas regarder Sam en face.

— J'ai peur, ai-je murmuré, j'ai peur qu'elle ne soit en train de mourir. Il faut que je la rejoigne.

Sam a passé nerveusement la main dans ses cheveux mouillés et a annoncé :

— J'y vais à moto, mais je ne peux pas t'emmener. Ce serait trop risqué avec ce fichu temps.

— Oh ! Mais tu comptes quand même rouler comme un fou sous la pluie, bien sûr, a ironisé Jane. Eh bien, pas question que je te laisse partir, Sam !

Il lui a lancé un regard noir en répliquant :

— Tu te prends pour ma mère, maintenant ?

— Oui, tu as besoin d'une seconde maman pour veiller sur toi, ici, en Floride, a-t-elle rétorqué sans se démonter.

— Je voulais prendre le break, mais ma mère a refusé sous prétexte que c'était dangereux. Je crois, hélas, qu'elle avait raison !

— Qu'est-ce qui s'passe ? s'est écrié Cha-cha, juché sur l'épaule de Sarah.

Morgan, assis sur son lit, battait un jeu de cartes.

— Une partie de poker, demoiselle ? a-t-il proposé à ma petite sœur.

— On pourrait prendre le car, ai-je suggéré.

— Mais il n'y a peut-être pas urgence, a remarqué Jane. Elle est vraiment dans un état critique ?

J'ai hoché la tête, la gorge serrée. Je n'osais pas leur avouer que je savais qu'Isa n'en avait plus pour longtemps. Je ne pouvais pas l'expliquer, mais je le sentais. L'autre soir, sur la plage, j'avais vu dans son regard qu'elle était prête à partir.

— Si ça se trouve, ils ne vous laisseront même pas entrer, les enfants, a repris Jane. Ils sont tatillons dans les hôpitaux.

— Elle ne voulait surtout pas partir là-bas, Sam, ai-je murmuré.

— Je sais, Al, je sais.

— Les jeux sont faits. Rien ne va plus, a lancé Morgan.

— Jolie cocotte, jolie cocotte, répétait Chacha à l'oreille de Sarah.

Elle l'a remercié en rougissant et m'a adressé un regard gêné.

Morgan s'est alors brusquement levé pour farfouiller dans un placard

— Si seulement j'avais ma voiture, je vous

l'aurais prêtée de bon cœur! a soupiré Jane. Mais il vaut peut-être mieux ne pas la voir à l'hôpital, pour vous souvenir d'elle heureuse.

— Non, ai-je sangloté, elle voulait que je sois auprès d'elle. Je lui avais promis.

Sam a saisi son blouson en annonçant :

— Je vais dehors, j'ai besoin d'air!

— Je vais préparer du thé bien chaud, a proposé Jane.

Morgan a émergé du placard et m'a tendu quelque chose. Les clefs de la Cadillac!

Il souriait, l'air très content de lui.

— Vous me prêtez la Cadillac?

Il a hoché la tête.

— Mais, c'est une antiquité! s'est exclamée Jane.

— Youpi! Je viens avec vous, a décrété Sarah.

Tandis que je contemplais les clefs, indécise, Morgan avait enfilé une veste. Sa casquette de cuir vissée sur la tête, il se tenait prêt à partir.

— En voiture! En route pour l'aventure! clamait-il.

— Vous savez, Morgan, on ne va pas à Las Vegas.

— Peu importe! En route!

Sarah se cramponnait à mon bras.

— Dis, je peux venir avec vous, Al?

— Sarah, c'est déjà tellement compliqué...

Devant son regard de chien battu, je me suis reprise :

— Oui, allez, on y va tous ensemble !

— Tu es consciente que maman va nous étrangler quand elle saura ça ! a-t-elle insisté, avec un sourire ravi.

— Je vais lui téléphoner pour la prévenir. Avec un peu de chance, je tomberai sur le répondeur.

— Non, laisse, je sais m'y prendre, a proposé ma sœur.

— Bon, comme tu veux, miss !

D'un signe de la main, Morgan a fait s'aligner les quatre chiens devant la porte en ordre parfait. Puis Cha-cha est venu se percher sur son épaule.

Sarah a composé notre numéro et a chuchoté :

— Impeccable, c'est le répondeur !

— Jolie cocotte ! l'a complimentée le perroquet.

— Chut, Cha-cha ! a-t-elle soufflé. Euh... bonjour maman, c'est Sarah. Avec Alison, Sam, son grand-père, le perroquet et les quatre chiens, nous allons à Miami rendre visite à Isa dans une Cadillac antique. Nous serons de retour en moins de temps qu'il ne faut pour le dire. À tout à l'heure.

Et elle a raccroché sous mon regard admiratif.

— Bravo ! Tu t'es débrouillée comme un chef.

— Qu'est-ce qui s'passe ? a demandé Cha-cha.

Jane avait passé un bras autour des épaules de Morgan.

— Si tu restais avec moi, Morgan. Tu vas t'ennuyer dans la voiture.

Il l'a dévisagée d'un air offensé :

— Mais elle monte à soixante-dix kilomètres-heure !

— Je sais, Morgan, mais enlève donc ta veste, on va jouer au poker tous les deux.

Elle l'a fait asseoir sur le lit, mais il continuait à fixer la porte, plein d'espoir.

— Elle monte à soixante-dix ! En voiture pour une dernière aventure !

Jane secouait la tête en soupirant.

— Oh, et puis zut ! me suis-je écriée. Allez, Morgan ! En voiture !

Je l'ai pris par le bras et nous sommes sortis avec Sarah, le perroquet et les quatre chiens. Tandis que je les installais dans la Cadillac, Sam, qui fumait une cigarette accoudé à sa moto, m'a hélée :

— Mais qu'est-ce que tu fabriques, Alison ?

— Nous allons voir Isa, ai-je répondu d'un air dégagé en m'installant au volant. Et puis, après, on fera peut-être un détour par Las Vegas, qui sait ?

Sam s'est approché en courant.

— Mais tu ne peux pas conduire cette antiquité ! Et toi, Morgan, où as-tu trouvé ces clefs ? Tu m'as caché un second trousseau ? Tu as osé ?

Morgan, placide, souriait innocemment.

Pendant ce temps, j'essayais de trouver comment mettre le contact.

— C'est une voiture normale, non ?

— Pourquoi tu fais ça, Al ?

— Parce que je dois le faire, Sam. Je tiens juste mes promesses.

— Tu es un drôle de spécimen, Alison. Allez, pousse-toi, je vais conduire.

— Pourquoi ? Les femmes se débrouillent aussi bien que les hommes, monsieur !

— Arrête ! Je connais mieux que toi ce vieux tas de ferraille, c'est tout.

— Mmm, bon, c'est d'accord pour cette fois, ai-je grommelé en enjambant le siège pour passer à l'arrière.

Sam a pris le volant. À côté de moi, les quatre chiens haletaient en chœur au rythme de la pluie, qui résonnait sur la capote comme sur un tambourin.

— En route ! a ordonné Morgan.

Avant de mettre le contact, Sam s'est tourné vers moi et a chuchoté :

— Que vas-tu dire à Isa, Al ?

— Je ne sais pas. Peut-être simplement la vérité. C'est bien ce que tu voulais, non ?

— Je ne sais pas, a soupiré Sam en fermant les yeux. Elle est tellement mal maintenant…

— C'est ce que je pensais mais, l'autre jour sur la plage, nous avons parlé de la mort. Et Isa était très lucide à ce sujet. Alors j'ai réalisé que je mentais non pas par peur de la blesser, mais parce que j'étais lâche.

— On ne peut pas lui révéler toute l'histoire alors qu'elle si faible…

— Je ne sais plus.

J'avais envie de lui crier : « Sam, s'il te plaît, pardonne-moi, tu me manques. Faisons la paix. » Mais je n'ai pas osé, et le silence est retombé entre nous.

— En route ! a répété Morgan.

Sam a démarré, les caniches se sont mis à aboyer et nous sommes partis à la folle allure de soixante-dix kilomètres-heure.

Cinq heures trente-cinq minutes et neuf arrêts pipi plus tard, nous avons atteint Miami. Quand nous sommes arrivés à l'hôpital, à la nuit tombante, l'heure des visites était presque passée.

— Moi aussi, je veux voir Isa, a décrété Sarah tandis que Sam se garait sur le parking.

— Je ne pense pas que ce soit une bonne idée, ma puce, a répondu Sam. Elle est vraiment malade, tu sais.

— Non, elle va venir avec nous. Ce n'est plus un bébé, ai-je décidé.

— Et qui va rester avec Morgan alors ? s'est inquiété Sam.

— Eh bien ! on y va tous ensemble. On va

entrouvrir les fenêtres pour les chiens, et voilà.

— Tu crois ?

— Mais oui, Isa sera ravie.

Nous avons repéré Miguel et Lauren dans le hall et nous avons discuté un moment avec eux. Mais quand nous avons voulu monter dans les étages, une infirmière à l'air revêche nous a arrêtés en demandant l'âge de Sarah.

— J'ai treize ans, a-t-elle répondu d'un ton assuré.

Et le cerbère nous a laissés passer sans encombre.

La chambre d'Isa était dans la pénombre, éclairée seulement par une veilleuse. Isa dormait avec le pyjama de soie bordeaux que je lui avais offert. Pour une fois, son crâne rasé n'était pas couvert, et on voyait une perfusion sortir du creux de son bras.

Notre petite troupe s'est agglutinée au pied de son lit, craignant de la réveiller.

Je suis allée à son chevet. Lorsque je lui ai pris la main, Isa a ouvert les yeux

— Salut ! a-t-elle murmuré. Quelle surprise ! Si j'avais su, je me serais donné un coup de peigne !

— Je t'avais promis que je te suivrais.

— Vous êtes venus en stop ? a-t-elle plaisanté d'une voix éteinte.

— Non, dans la Cadillac de Morgan, ma

chère. À l'arrière, nous avions quatre chiens et un perroquet. Ils voulaient monter te dire un petit coucou, mais je ne suis pas sûre que l'infirmière aurait apprécié. Par contre, Sam est là, ainsi que Morgan et Sarah.

Elle a esquissé un faible sourire.

— Hello tout le monde!

Sarah a donné le bras à Morgan et ils se sont approchés.

— Mon équipe a remporté le tournoi de basket, Isa. On les a battus à plates coutures et on a gagné un trophée. C'est dommage, je l'ai laissé dans la voiture, sinon je te l'aurais donné.

— Ça serait de la triche, je ne sais pas dribbler!

Sarah s'est mordu la lèvre, puis a chuchoté :

— Tu as mal?

— Pas trop, ça va. Mais je crois que tu devrais emmener Morgan faire un petit tour dans le couloir, il n'a pas l'air bien.

En effet, Morgan avait l'air complètement perdu. Mais quand Sarah a voulu l'entraîner à l'extérieur, il s'est penché vers Isa et a porté sa main à ses lèvres.

— Au revoir, Morgan, a-t-elle murmuré.

Puis il est sorti dans le couloir avec ma petite sœur.

Isa s'est tournée vers moi, les yeux emplis de larmes.

— C'est nul cette histoire de tumeur ! Je ne verrai même pas les tortues, Al.

— Bien sûr que si.

— Non, ce n'est plus la peine de me mentir, d'accord ?

Sam était resté au pied du lit, cramponné à l'armature en fer. Il a enfin pris la parole :

— D'accord, Isa.

Ça y est, ai-je pensé. *C'est le moment de lui avouer la vérité.*

— Finalement, je n'ai même pas été un bon cobaye pour leurs expériences, a-t-elle soupiré. Moi qui voulais refaire le monde, je n'aurai pas fait grand-chose de ma vie !

— Si, Isa, tu as été la meilleure amie de l'univers.

Une larme a coulé sur sa joue.

— C'est déjà ça !

— C'est l'essentiel, ai-je assuré en fondant en larmes à mon tour.

Isa s'est tue un moment, les yeux fermés. J'ai cru qu'elle s'était évanouie, mais elle les a rouverts péniblement et, dans un souffle, elle a dit :

— Tu tiendras ta promesse, Al.

— Quoi ? ai-je sangloté.

— Les jumeaux, à Paris...

— D'accord, c'est promis.

— Et puis non. Oublie les jumeaux, mais tu

iras à Paris… avec ton prince charmant, promis ?

— Promis, Isa.

Elle a tourné le regard vers Sam et je me suis penchée, fouillant dans mon sac à dos pour trouver des Kleenex. En vain. Quand je me suis relevée, ils étaient main dans la main, en larmes tous les deux.

J'ai attendu dans un coin de la chambre car j'avais encore quelque chose à dire à Isa. Je voulais enfin lui avouer la vérité, pas juste un mensonge pour lui faire plaisir. Sam l'a embrassée tendrement, encore et encore. Puis il lui a chuchoté quelques mots à l'oreille.

Je n'ai pas entendu mais, au sourire radieux d'Isa, j'ai compris. Il lui avait dit « Je t'aime ». Et il ne mentait pas. Cela valait toutes les vérités que j'aurais pu lui asséner. Sam l'aimait vraiment. Et j'en étais heureuse.

« Mais toi, tu as le choix : ta vie t'appartient. C'est à toi de savoir ce que tu veux en faire, bon sang! »

14

Sam et moi, nous sommes sortis de l'hôpital en silence. Avant de rejoindre les autres, nous nous sommes assis sur un banc devant le bâtiment. Au-dessus de nos têtes, un nuage d'insectes attirés par la lumière tournait autour d'un réverbère. Sam a allumé une cigarette et en a tiré une longue bouffée.

— Merci, Sam, ai-je finalement murmuré.

— De quoi?

— D'avoir dit au revoir à Isa si tendrement. De... de l'avoir aimée, tout simplement.

— Mais il n'y a pas de quoi être fiers, Alison. Nous avons juste réussi à compliquer les choses un peu plus!

— Non, je ne vois pas où est le problème.

Il a inspiré une autre bouffée de cigarette avant de s'expliquer :

— Eh bien! primo, je suis amoureux de toi... mais également de ta meilleure amie, qui est clouée sur un maudit lit d'hôpital, à l'agonie! Secundo, ta petite sœur et mon grand-père, qui s'imaginent que nous allons au casino à Las Vegas, sont à la cafétéria, où il lui apprend à tricher au poker. Et tertio, sur le parking, quatre chiens et un perroquet dansent la java en nous attendant dans notre Cadillac préhistorique ! Voilà le problème !

— Sarah sait déjà jouer au poker, ai-je souligné, ne trouvant rien d'autre à répliquer.

Sam a écrasé sa cigarette et en a aussitôt allumé une autre, mécaniquement.

— Tu t'es remis à fumer ?

Ignorant ma remarque, il s'est mis à inspirer consciencieusement de longues bouffées de tabac.

— C'est vraiment étrange que tu saches si bien t'occuper de Morgan, mais que tu n'arrives pas à prendre ta vie en main, Sam ! Tu es exclu du lycée, tu risques de perdre ton boulot au garage, tu fumes et, en plus, tu aurais franchement besoin de passer chez le coiffeur !

Comme il esquissait un pauvre sourire, j'ai poursuivi :

— Bon, tu as des circonstances atténuantes pour ta coupe de cheveux, je te l'accorde. Mais sérieusement, je crois que tu t'épuises pour rien. Tu ne peux pas empêcher ton grand-père de vieillir, Sam. C'est impossible. C'est la vie. On n'y peut rien. Isa l'a compris, et je crois que Morgan aussi.

— Comment peux-tu le savoir ?

J'ai soupiré, je me sentais à bout de forces.

— C'est dur à expliquer… tu sais, avant de monter dans la Cadillac, il a crié « Allez, en voiture pour une dernière aventure ! », alors je pense qu'il se doute de ce qui l'attend.

— Mais il m'a aussi confié qu'il voulait miser sur le trente-deux rouge à la roulette. Il ne sait pas ce qu'il dit la plupart du temps !

Je lui ai doucement posé la main sur le genou.

— Je n'en suis pas si sûre.

Sam a fini sa cigarette, puis l'a jetée.

— Il faut y aller maintenant, Al.

Je n'ai pas bougé.

— Quand je t'ai rencontré, Sam, je me demandais si tu tenais vraiment à la vie.

— Ah oui, ta fameuse théorie !

— Tu peux rire, mais tu étais couché sous ta moto, en sang, et j'ai dû te bander la tête avec mon tee-shirt préféré !

— Tu m'avais dit qu'il était vieux !

— Pour ne pas te faire culpabiliser ! Mais bon, en tout cas, je ne comprends pas pourquoi tu négliges ta propre vie alors que tu es si attentionné avec Morgan.

— Parce que j'ai une dette envers lui.

— Mais ta vie compte aussi, Sam. Tes parents n'ont pas su s'occuper de toi quand tu étais petit, d'accord. Mais maintenant, c'est à toi de te prendre en main, me suis-je emportée. Isa est en train de mourir là-haut, et elle n'y peut rien. Mais toi, tu as le choix : ta vie t'appartient. C'est à toi de savoir ce que tu veux en faire, bon sang!

Nous nous sommes tus un moment et avons observé les insectes tourbillonner autour du réverbère. J'ai consulté ma montre et me suis levée d'un bond. Il fallait qu'on récupère Morgan et Sarah, puis que je téléphone à mes parents. Nous avions une longue route devant nous, et cette conversation ne menait à rien.

— Tu as raison, Sam, il faut y aller.

Il gardait les yeux dans le vague.

— Il va me manquer, Al. J'aimais bien m'occuper de lui. Même si je n'y suis pas arrivé.

— Tu t'en es très bien sorti. Tu as fait de ton mieux et il a passé de bons moments avec toi. C'est pareil pour Isa, tu lui as donné du bonheur, et c'est ce qui compte… même si, malheureusement, on ne vit pas dans un conte de fées où « Tout est bien qui finit bien ».

Sam s'est levé en soupirant :

— Allez, en voiture!

— En route pour l'aventure!

Quelques jours plus tard, Isa est tombée dans le coma. Et elle est morte dans la semaine.

Après la messe de funérailles, nous nous sommes tous retrouvés sur la plage où Miguel et Lauren ont éparpillé ses cendres.

Au début, ils étaient réticents, mais Sam et moi

avions finalement réussi à les convaincre que c'était ce qu'Isa souhaitait. Enfin, nous pouvions faire quelque chose pour elle.

Nous étions passés prendre Morgan en voiture car, même s'il ne comprenait pas ce qui se passait, il avait beaucoup aimé Isa.

J'ai conduit le groupe — sa famille, ses amis et quelques professeurs — à l'endroit qu'elle avait choisi, en haut de la dune. C'était étrange de se retrouver là, en deuil, alors que quelques mètres plus bas les gens se faisaient dorer sur la plage.

Miguel est monté sur un rocher avec l'urne de verre bleu, guettant une petite brise. Seuls des sanglots étouffés s'élevaient de l'assistance.

Nous attendions. Il faisait lourd et, sous le ciel couvert, il n'y avait pas le moindre souffle de vent.

Rosa a laissé échapper un hoquet et Gaëlle s'est mouchée bruyamment.

Silence tendu.

Puis, soudain, nous avons entendu le murmure de l'herbe qui ondulait sous la brise. Un courant d'air frais s'est levé pour faire voler jupes, cravates et cheveux.

Miguel a ouvert l'urne, l'a retournée, et le vent a emporté les cendres d'Isa.

J'espérais que les nuages s'écarteraient pour qu'un rayon de soleil illumine la scène et lui donne un air magique. Mais en vain.

Au bout d'un moment, nous nous sommes

finalement dispersés. Sarah a emmené Morgan sur la plage pour chercher des dents de requin. Sam, l'air mal à l'aise avec son costume noir et sa cravate, s'est penché vers moi et m'a demandé doucement :

— On y va, Alison ?

— Oui, je veux juste dire au revoir à Lauren et à Miguel.

— D'accord, pendant ce temps je vais parler à Rosa.

En le regardant s'éloigner, j'ai pensé que c'était gentil de sa part de vouloir consoler Rosa. Puis je me suis souvenue qu'elle travaillait dans une maison de retraite ; peut-être que Sam s'était enfin décidé à faire ce qu'il fallait pour Morgan.

Après avoir longuement discuté avec mes parents, Lauren est venue vers moi. Elle a tiré une enveloppe en papier kraft de son sac et me l'a tendue :

— Tiens, Isa m'a laissé ça pour toi.

Je l'ai remerciée en la serrant fort dans mes bras, puis je suis allée m'asseoir à l'écart, au bord de l'eau, pour ouvrir l'enveloppe de mon amie.

À l'intérieur, j'ai trouvé le plan de Paris que je lui avais offert et une petite carte :

Al,

Glisse cela dans tes bagages avant de partir pour la France avec Sam.

Merci de m'avoir fait partager ton

premier amour.
Bisous,
Isa

Je l'ai lue et relue plusieurs fois. Elle savait. Elle avait peut-être même tout compris depuis le début. Je m'étais torturée pour trouver comment lui avouer la vérité alors qu'elle était au courant.

Je me suis mise à rire toute seule. C'était Isa tout craché, elle était vraiment incroyable !

J'ai cherché Sam des yeux. Avec un sourire encourageant, Rosa lui tendait une carte de visite.

J'ai entendu quelqu'un approcher.

— Alison ? Ça va ?

Ma mère me rejoignait, pieds nus dans le sable, ses sandales à la main.

— Mmm, très bien, ai-je répondu en rangeant le plan et la carte dans l'enveloppe.

— Ton père et moi, nous rentrons à la maison. Où est Sarah ?

— Là-bas, avec Morgan, ils sont sur la trace d'un trésor. Sam et moi, on la ramènera si tu veux, ai-je proposé.

— Il a l'air d'un vieux fou bien sympathique !

— Oui. Dis, maman, tu voudrais bien accueillir un nouvel animal à la maison... ou même deux ?

— Al, tu ne crois pas qu'on en a assez ?

— Mais Sarah pourrait nous donner un coup de main...

— Non, non, non ! Pas question.

Elle s'est penchée pour me déposer un baiser sur le front.

— Bon, mais est-ce que tu aimes les perroquets, maman ?

Elle est partie en courant, les mains plaquées sur les oreilles.

— Je ne veux même pas t'écouter, Al !

Je me suis levée et, la main en visière au-dessus des yeux, j'ai repéré Sam. Il se dirigeait vers Sarah et Morgan à grands pas.

— Sarah ! ai-je crié. Viens ! On va passer un marché.

Elle est arrivée à toute allure et nous avons discuté un moment avant de rejoindre Sam et son grand-père. Les autres étaient déjà partis pour la plupart. On voyait encore quelques personnes en noir discuter à voix basse sur le parking.

Avant de quitter la plage, je me suis retournée pour contempler l'endroit qu'Isa avait choisi, là où son père avait dispersé ses cendres au vent.

J'avais mis un point d'honneur à respecter ce qu'elle souhaitait, mais je venais de réaliser que cette cérémonie ne signifiait pas grand-chose. Isa ne s'était pas envolée avec ses cendres…

Elle restait en chacun de nous, dans nos cœurs, dans nos mémoires.

« Elles ont filé vers le rivage, pressées de vivre leur vie dans l'océan. »

ÉPILOGUE

15

Trois mois plus tard, un soir d'été, Sam et moi, sommes retournés nous promener sur la plage des tortues au clair de lune. Nous nous sommes arrêtés près du nid d'Isa, celui que nous avions découvert ensemble et où elle avait choisi de reposer.

J'ai étalé une couverture sur le sable et je me suis assise dans les bras de Sam, qui m'a tendrement enlacée.

— Dans les autres nids, les œufs ont déjà éclos. Peut-être que c'est pour cette nuit, ai-je chuchoté.

— Mmm… à mon avis, ce nid est vide, a-t-il plaisanté.

— Non, ce n'est pas possible, pas le nid d'Isa!

Il a écarté mes cheveux pour m'embrasser dans le cou. Ses baisers si doux me donnaient des frissons. J'ai appuyé ma joue contre sa poitrine et je me suis laissé bercer par les battements de son cœur.

Au bout d'un moment, j'ai rompu le silence :

— Qu'est-ce que ta mère t'a dit avant de repartir, ce matin ?

— Elle aimerait que je revienne à Détroit, mais elle a accepté que je reste ici avec Jane si je préfère. Je ne veux pas m'éloigner de Morgan pour pouvoir souvent lui rendre visite dans sa maison de retraite… mais, en fait, il y a autre chose qui me retient en Floride !

— Oui, le soleil, la plage, les palmiers… l'ai-je taquiné.

— Non, parce que je dois travailler pour rattraper les cours et passer en terminale à la rentrée, dans la même classe qu'une certaine Alison.

Il m'a chatouillée et nous nous sommes bagarrés gentiment avant de rouler dans le sable.

Tout à coup, Sam s'est relevé d'un bond.

— Le nid !

Je me suis agenouillée. Tout était calme et silencieux.

— Tu rêves, Sam !

— Non, je te jure que j'ai vu quelque chose bouger.

J'ai froncé les sourcils, incrédule.

— Tu te moques encore de moi, c'est ça ?

— Mais non, j'avais bien aimé notre chasse aux lamantins.

— Tu parles, tu n'en avais même pas vu !

— Si, j'avais aperçu une bouteille vide qui ressemblait comme deux gouttes d'eau à un lamantin.

Nous nous sommes rallongés sans quitter le nid des yeux, guettant patiemment le moindre mouvement.

— C'était génial quand nous avons assisté à l'éclosion, avec Isa, l'été dernier. Hop ! les petites tortues pointent le bout de leur nez, et zip ! elles filent dans l'eau à toute allure.

Sam me caressait distraitement le bras du bout du doigt.

— Elle me manque, tu sais, Al.

— À moi aussi, ai-je murmuré en me tournant pour l'embrasser passionnément.

Les moments forts, durs ou heureux que nous avions partagés nous avaient liés pour toujours.

Soudain, Sam s'est dégagé de mon étreinte.

— Regarde, le sable bouge.

— Oh ! C'est vrai ! On va bientôt voir les bébés tortues.

Il m'a pris la main et l'a portée à ses lèvres pour y déposer un baiser.

— Je t'aime, Sam.

— Je t'aime aussi, Alison, depuis le premier jour, dans le verger. Et je n'ai jamais cessé de t'aimer.

— Tu es déjà allé à Paris, Sam ? lui ai-je demandé.

Mais il n'a pas eu le temps de répondre car,

juste à ce moment-là, les œufs ont éclos et les tortues ont jailli du sable comme d'un volcan.

Elles ont filé vers le rivage, pressées de vivre leur vie dans l'océan. Sous les rayons de lune, leurs petites carapaces polies brillaient comme des étoiles.

Nous sommes restés longtemps à contempler ce spectacle émouvant, enlacés sur la plage d'Isa, tandis que les petites tortues nageaient vers l'aventure.

Coups de cœur

Dans la même collection :

200 — Le Cœur à l'envers,
Arlynn Presser
201 — Le Garçon derrière l'écran,
Stephanie Doyon
202 — Un trop lourd secret,
Diane Namm
203 — 48 heures pour choisir,
Alexis Page
205 — Un Amour de copain,
Erin Half

IMPRIMÉ EN FRANCE PAR BRODARD ET TAUPIN
Usine de La Flèche, le 16-10-1998
N° d'impression : 1098V-5